先生教你写文章

文章体例

谭正璧　著

北京出版集团
北京教育出版社

图书在版编目(CIP)数据

文章体例／谭正璧著. —北京：北京教育出版社，
2014.3

（先生教你写文章）

ISBN 978-7-5522-3431-2

Ⅰ．①文⋯ Ⅱ．①谭⋯ Ⅲ．①作文课－中学－教学参
考资料 Ⅳ．①G634.343

中国版本图书馆CIP数据核字(2013)第293553号

先生教你写文章

文章体例

谭正璧　著

*

北 京 出 版 集 团
　　　　　　　　　　出版
北 京 教 育 出 版 社

（北京北三环中路6号）

邮政编码：100120

网址：www.bph.com.cn

北京出版集团总发行

全国各地书店经销

三河市同力彩印有限公司印刷

*

710×1000　　16开本　　13.5印张　　150千字

2014年3月第1版　　2020年11月第2次印刷

ISBN 978-7-5522-3431-2

定价：26.80元

版权所有　　翻印必究

质量监督电话:(010)58572393，62698883，58572750　　购书电话：(010)58572909

出版说明

语文是我国基础教育最基本的必修科目，起着培养基础语言文字能力和熏陶人文精神的作用。而作文又是语文这一科目的重中之重，写好作文不仅仅是应试之需，更是立己立人之需。陶冶情操、传承人文是作文的内在要求。

"先生教你写文章"丛书与市面一般作文图书的最大不同在于，本套丛书收录了二十本垂范后世的教育大家关于作文写作的经典著作（个别文字有修改）。

最好的老师——遍览世纪大家风采

本丛书包括如下作者：梁启超、夏丏尊、胡怀琛、高语罕、刘半农、蒋伯潜、叶圣陶、孙俍工、阮真、朱光潜、朱自清、章衣萍、谭正璧、孙起孟、沐绍良、唐弢、张志公、朱德熙等。他们亲历三千年未有之大变局，在前所未有的文化嬗变中，既葆有旧时代的文脉，学问周正一流，又兼有新时代的精神，开拓创新，视野宽阔，能吸收西方的先进理念。他们的著作兼具传统与现代汉语的内在之美，都是典范传世之作。他们的为人与为文影响、滋养了几代中国人。

这些教育大家确立了现代中国白话文写作的典范，如：梁启超先生的文章明白畅达，在当时受到一代青年学子的追捧；朱光潜先生的文章深入浅出，讲解生动；朱自清先生的散文优美清丽，早已是中国散文史上的经典之作。

这些教育大家亦是中国现代汉语规范的创立者和语文教育的真正开创者：如张志公先生提出了"汉语辞章学"的概念，初步构拟出汉语辞章学的理论框架；又如汉语语法学界的语言学大师朱德熙先生，是一位富于开创精神的杰出学者，在语法研究上以其独特的语法思想与科学的分析方法，深入地研究汉语语法现象，奠定了汉语描写语法的基础。

最好的指导——倾心传授写作之道

本套丛书凝聚了数代学界名流的学术成果和研究心血。语文教育大家叶圣陶先生从写什么、怎样写、文章句子的具体安排、文章中的会话一直到文章的静态与动态，都一一详述；夏丏尊先生从阅读到写作的论述语言生动，见解独到，举一反三；梁启超先生对于作文之法则、规矩的讲论，语言畅达，并富有说服力，全面阐述了各类文体所应遵循的规则，以及提高写作水平的方法；朱光潜先生以深厚的学术涵养，从理论高度来谈论写作，文章深入浅出，语言平易近人，让读者在美学照应之下得到关于写作的内在之道；朱自清先生对于写作有自己独特的见解，认为"思想、谈话、演说、作文，这四步一步比一步难，一步比一步需要更多的条理"，推崇"多看、多朗读、多习作"；朱德熙先生从主题、结构、表现、词汇、句子、标点等六方面阐述写作之道，每章之后附有习题，举例丰富，说明切实具体，体现着朱德熙先生关于中学语法教学的先进理念……这些论述在当时对于提高中学生的写作能力裨益甚多，我们相信，对于当下中学生的写作同样具有极大好处，对提高中学语文教学质量一定也具有重要的指导作用。

虽然历史已往，时代在变，但是传统文化中那些熠熠闪光的精华永远不会被埋没。

我们希望通过本套"先生教你写文章"丛书让读者朋友从中领悟文章写作一脉相承和推陈出新的道理，给现代作文教育一个新的思考方向，也希望能帮助中学语文教师更好地指导学生学习写作，更希望广大青少年读者，尤其是在校中学生可以通过这套丛书更深刻地理解写作的内在精要，真正掌握写作规律，从而提高写作能力。

先生之诚，作文之道，尽在于此。

2014 年 3 月

本书说明

　　《文章体例》是民国著名学者谭正璧先生的著作，于1946年由大东书局出版。全书分为四章，分为记叙文、说明文、抒情文、议论文。文章就每个体裁的性质、取材和结构分别予以详尽的论说，用思精巧，讲解生动。在今读来仍是一本关于作文写作的优秀著作，相信一定会对于指导青少年的写作具有极大启示。

目 录
Contents

第一章　记叙文

第一节　性质

什么是记叙文

记叙文是各体文章中应用最广的一种文体。凡是把自己看见的、听到的、感觉着的、或是由想象得来的，无论是人的或物的动态和静态，以及事的变迁，用文字如实地写述出来，写述得活现而逼真，这就是记叙文。例如：

宗羲六世祖小雷府君，讳玺，字廷玺，兄弟六人。长伯震，商于外，逾十年不归。府君魂祈梦请卜

《文章体例》1946年初版

❶ 影响：音信，消息。

❷ 蹑屩（niè juē）：穿草鞋行走。

❸ 裂：裁剪。

❹ 里：籍贯；系：世系；年：年龄；貌：相貌；零丁：招贴。

❺ 獠洞：兽洞；蛮陬：蛮荒。

❻ 彷徨：来回。

❼ 奏厕：上厕所。

❽ 卒：最终；挽：携带。

❾ 《万里寻兄记》：作者为黄宗羲（1610-1695），明末清初经学家、史学家、思想家。《万里寻兄记》讲述了黄宗羲的六代先祖黄玺找寻到其兄伯震的事迹。

❿ 地：原书写作"的"。后面同。

之，茫然不得影响❶。作而曰："吾兄不过在域内；吾兄可至，吾何不可至乎？"蹑屩❷出门。乡党阻之，曰："汝不知兄之所在，将何之？"府君曰："吾兄，商也。商之所在，必通都大邑。吾尽历通都大邑，必得兄矣。"

于是裂❸纸数千，缮写其兄里、系、年、貌为零丁❹。所过之处，辄榜之宫观街市间，冀兄或见之；即兄不见，而知兄者或见之也。经行万里。獠洞、蛮陬❺，踪迹殆遍，卒无所遇。

府君祷之衡山，梦有人诵"沉绵盗贼际，狼狈江汉行"者，觉而以为不祥。遇士人，占之，问："君何所求？"府君曰："吾为寻兄至此。"士人曰："此杜少陵《春陵行》中句也。春陵，今之道州，君入道州定知消息。"府君遂至道州，彷徨❻访问，音尘不接。

一日，奏厕❼，置伞路旁，伯震过之，见伞而心动，曰："此吾乡之伞也。"循其柄而视之，有字一行云："姚江黄廷玺记。"伯震方惊骇未决。府君出而相视，若梦寐，哭失声。道旁观者，亦叹息泣下。时伯震已有田园妻子于道州，府君卒挽❽之而归。

——《万里寻兄记》❾

看了上面的举例，可见在一篇记叙文中，决不能单纯地❿写述人或物的动态，或是单纯地写述人或物的静态，必须两者夹写，才能使文章生动有力，而完成作者所以要写述的使命。所以在普通讲述作文法的书

上，把记叙文硬分为两类，而称写述动态的记叙文为
叙事文或叙述文，称写述静态的记叙文为记事文或描
写文。但这不过是按所写述的动态或静态的成分的多
寡来决定，实在是不妥当的。

记叙文的种类

记叙文既不能拿写述动态和写述静态来分类，那
么应该怎样分类才妥当呢？比较最妥当的方法，是按
照作者写作时和读者阅读时心理上的不同，分为科学
的记叙文和文学的记叙文两类。

1.科学的记叙文

科学的记叙文又名知识的记叙文，多客观的成分，
而偏重于理智的灌输，内容以力求真确为主，所以有
条理，有组织，有整齐之感，而缺乏飘逸之致。例如：

> 大铁椎，不知何许人；北平陈子灿省兄河南，与
> 遇宋将军家。宋，怀庆青华镇人，工技击，七省好事
> 者皆来学，人以其雄健，呼宋将军云。宋弟子高信之
> 亦怀庆人，多力善射，长子灿七岁，少同学，故尝与
> 过宋将军。

> 时座上有健啖❶客，貌甚寝❷；右胁夹大铁椎，
> 重四五十斤，饮食拱揖不暂去。柄铁折叠环复如锁上
> 练，引之长丈许。与人罕言语。语类楚声。问乡及姓
> 字，皆不答。

❶ 健啖（dàn）：食量很
大。啖，吃。

❷ 貌甚寝：相貌甚丑陋。
寝，丑陋。

既同寝，夜半，客曰："吾去矣。"言讫不见。子灿见窗户皆闭，惊问信之。信之曰："客初至时，不冠不袜，以蓝手巾裹头，足缠白布，大铁椎外，一物无所持，而腰多白金。吾与将军俱不敢问也。"子灿寐而醒，客则鼾睡炕上矣。

一日，辞宋将军曰："吾始闻汝名，以为豪，然皆不足用。吾去矣。"将军强留之。乃曰："吾尝夺取诸响马物，不顺者辄击杀之。众魁请长其群，吾又不许，是以仇我。久居此，祸必及汝。今夜半，方期我决斗某所。"宋将军欣然曰："吾骑马挟矢以助战。客曰："止，贼能且众，吾欲护汝，则不快吾意。"宋将军故自负，且欲观客所为，力请客。客不得已，与偕行。将至斗处，送将军登空堡上，曰："但观之，慎弗声❶，令贼知汝也。"

时鸡鸣月落，星光照旷野，百步见人。客驰下，吹觱篥❷数声。顷之，贼二十余骑四面集，步行负弓矢从者百余人。一贼提刀纵马奔客曰："奈何杀吾兄？"言未毕，客呼曰，"椎！"贼应声落马，马首尽裂，众贼环而进；客从容挥椎，人马四面仆地下，杀三十余人。宋将军屏息观之，股栗❸欲堕。忽闻客大呼曰："吾去矣。"地尘且起，黑烟滚滚东向驰。去后遂不复至。

——《大铁椎传》❹

明有王叔远者，能以径寸之木为宫室、器皿、人物，以至鸟兽、木石，罔不因势象形，各具情态。尝贻余核舟一，盖大苏泛赤壁云。

❶ 慎弗声：小心不要出声。

❷ 觱篥（bì lì）：古代一种管乐器。用竹做管，用芦苇做嘴。汉代从西域传入。

❸ 股栗：两腿发抖。栗，战栗，发抖。

❹《大铁椎传》：清代文学家魏禧（1624-1680）的一篇传记散文。作者因为不知道那个人叫什么名字，就用他的兵器"大铁椎"来代替。文中以细腻生动的手法，描述了身怀绝技却不为世用的侠客"大铁椎"的故事。

舟首尾长约八分有奇，高可二黍许。中轩敞者为舱，箬篷覆之。旁开小窗，左右各四共八扇，启窗而观，雕栏相望焉。闭之，则右刻"山高月小，水落石出"，左刻"清风徐来，水波不兴"，石青糁之。

船头坐三人：中峨冠而多髯者为东坡，佛印居右，鲁直居左。苏、黄共阅一手卷：东坡右手执卷端，左手抚鲁直背，鲁直左手执卷末，右手指卷，如有所语。东坡现右足，鲁直现左足，身各微侧；其两膝相比者，各隐卷底衣褶中。佛印绝类弥勒，袒胸露乳，矫首昂视，神情与苏、黄不属。卧右膝，诎右臂支船，而竖其左膝。左臂挂念珠倚之——珠可历历数也。

舟尾横卧一楫。楫左右，舟子各一人：居右者，椎髻仰面，左手倚一衡木，右手攀右趾，若啸呼状；居左者右手执蒲葵扇，左手抚炉，炉上有壶，其人视端容寂，若听茶声然。

其船背稍夷，则题名其上，文曰："天启壬戌秋日，虞山王毅叔远甫刻"，细若蚊足，钩画了了，其色墨。又用篆章一，文曰"初平山人"，其色丹。

通计一舟：为人五，为窗八，为箬篷，为楫，为炉，为壶，为手卷，为念珠各一；对联、题名并篆文，为字共三十有四；而计其长，曾不盈寸，盖简桃核修狭者为之。噫，技亦灵怪矣哉！

——《核舟记》❶

前引两文，前者为写人的科学的记叙文，后者为写物的科学的记叙文；前者偏于写动态，后者则几乎

❶《核舟记》：明代作家魏学洢撰（约1596-约1625）写的一篇文章，由清代学者张潮编选到《虞初新志》，《核舟记》生动地描写了一件精巧绝伦的微雕工艺品。文章描写了用桃核刻成的小舟，表明古代工艺的高超境界，我国古代劳动人民的智慧。

5

全写静态。

2. 文学的记叙文

文学的记叙文又名兴感的记叙文，多主观的成分，而偏重于感情的启发，内容以力求华美为主，所以每每随意抒写，不经心于组织，而有自然的顺序。例如：

（一）

"那么再换一个讲罢，爹爹。"明儿说着，将上体竖起，小手从父亲手里褪出，拉着父亲的衣襟❶，表示恳求的意思。母亲顺着他的恳求笑道："再讲一个吧，讲地动时候的一个小孩子吧。"

这是他们的惯例，随便想几句话，编成一个故事，只就明儿能够了解或曾经经历的。明儿从去年秋间，他产生了三十多月的时候，就尝到了这种嗜好的滋味，到今已是一年了。

明儿得了母亲的帮助，自然起必能如愿的感觉，拉衣襟的手就放了下来。他走到母亲前，背心贴住她的双膝紧密而微摇，仿佛给她的一种报酬。

室内充满了妙美的静默。父亲的故事讲话又开始了："那一天也是地动，也比昨天还厉害，桌子上的花瓶、水盂、墙脚边的痰盂、树上的鸟卵、宝宝的皮球，统在地面滚个不停，好像活起来了。有一个孩子，他本来站在场上，地动了，似乎脚下一滑，就跌倒了。不好了！他身体不能自己作主，只是一仰一俯地滚，滚过了昆山，滚过了上海，再滚过去是海面

❶ 衣襟：亦作"衣衿"。古代指交领或衣下掩裳际处。后亦指上衣的前幅。

了，海面又平又滑，他滚得格外快，只觉得面孔刻刻亲着水面，又刻刻朝天。"

明儿的眼睛张得比平时大了，似乎还尽管在那里放大。他冷然说："怎样呢？"

"他滚过了海面，到了外国的地面，还只是滚。好了，有一垛高墙在那里！他给墙脚挡住，才停了，不滚了。"

明儿的头点了几点；小嘴里呼出一口深长的气，他的宽松的白绒衣的前胸略微沉下了一些；同时他的背心贴得更紧，差不多全身的重量全支在母亲的两膝上。

——《地动》❶

❶《地动》：作者叶圣陶（1894-1988），原名叶绍钧，现代著名作家、教育家、社会活动家，代表作有《隔膜》《线下》《倪焕之》《脚步集》《西川集》《稻草人》等。

（二）

曲曲折折的荷塘上面，弥望的是田田的叶子。叶子出水很高，像亭亭的舞女的裙。层层的叶子中间，零星的点缀着些白花，有袅娜的开着的；有羞涩的打着朵儿的，正如一粒粒的明珠，又如碧天里的星星，又如刚出浴的美人。微风过处，送来缕缕清香，仿佛远处高楼上渺茫的歌声似的。这时候叶子与花也有一丝的颤动，像闪电般，霎时传过荷塘的那边去了。叶子本是肩并肩密密的挨着，这便宛然有了一道凝碧的波痕。叶子底下是脉脉的流水，遮住了，不能见一些颜色，而叶子却更见风致了。

月光如流水一般，静静的泻在这一片叶子和花上。薄薄的青雾浮起在荷塘里。叶子和花仿佛在牛乳中洗过一样：又像笼着轻纱的梦，虽然是满月，天上却有一层淡淡的云，所以不能朗照；但我以为这恰是到了好处——酣眠固不可少，小睡也别有风味的。月光是隔了树照过来的，高处丛生的灌木，落下参差的、斑驳的黑影；弯弯的杨柳的稀疏的倩影，像是画在荷叶上。塘中的月色并不均匀；但光与影有着和谐的旋律，如梵婀玲上奏着的名曲。

荷塘的四面，远远近近高高低低都是树，而杨柳最多。这些树将一片荷塘重重围住；只在小路一旁，漏着几段空隙，像是特为月光留下的。树色一例是阴阴的，乍看像一团烟雾；但杨柳的丰姿，便在烟雾里也辨得出。树梢上隐隐约约的是一带远山，只有些大意罢了，树缝里也漏着一两点路灯光，没精打彩的，是渴睡人的眼。这时候最热闹的，要数树上的蝉声与水里的蛙声；但热闹是它们的，我什么❶也没有。

——《荷塘月色》❷

前引两文，也是前者写人，而后者写物，但都是文学的记叙文。

记叙文的要素

记叙文虽有写人写物的分别，但是都以记述事迹或描写景象为主体。如果没有事迹或景象，那么所写人或物便无所附着，不能表现出来。一个事迹或一种景象的形成，必定有如下的四个要素：

❶ 什么：原书写作"甚么"，后面同。

❷《荷塘月色》：现代著名文学家朱自清任教于清华大学时写的一篇散文。文章借对"荷塘月色"的细腻描绘，含蓄而又委婉地抒发了作者不满现实，渴望自由，想超脱现实而又不能的复杂的思想感情，为我们留下了正直知识分子在苦难中徘徊前进的足迹。

一、这个事迹或景象的主体的人或物是谁？或是什么？

二、这个事迹或景象是怎样一种情形？或是怎样经过或形成的？

三、这个事迹或景象发生在什么时候？

四、这个事迹或景象发生在什么地方？

上述四个要素，简单地说起来，就是：一、主体；二、事实；三、时间；四、地点。凡叙事文必须备具这四个要素，否则这个事迹或这个景象不能存在，而没有动态、静态或变迁可以叙述了。例如：

予谒告南归，以成化戊戌冬十月十六日过大枪岭，抵大柳树驿。时日过午矣，不欲但已：问驿吏，吏绐言须晚尚可及滁州也。上马行三十里，稍稍闻从者言："前有清流关，颇险恶，多虎。"心识之。

抵关，已昏黑，退无所止。即遣人驱山下邮卒❶，挟铜钲束燎❷以行。山口两峰夹峙，高数百寻，仰视不极。石栈岖崟，悉下马累肩而上。仍相约有警即前后呼噪为应。适有大星，光煜煜自东西流。寒风暴起，束燎皆灭。四山草木，萧飒有声。由是人人自危，相呼噪不已。铜钲哄发，山谷响动。行六、七里，及山顶，忽见月出如烂银盘，照耀无际，始举手相庆。然下山犹心悸不能定者久之。予计：此关乃赵点检破南唐，擒其二将处，兹游虽险而奇，当为平生绝冠。夜二鼓，抵滁阳。

❶ 邮卒：驿站的差役。

❷ 束燎：火把。

十七日午，过全椒，趋和州，自幸脱险即夷，无复置虑，行四十里，渡后河，见面山隐隐。问从者，云："当陟此，乃至和州香淋院。"已而日冉冉过峰后，马入山嘴，峦岫迴合❶。桑田秩秩凡数村，俨若武陵仇池，方以为喜。既莫，入益深，山益多，草木塞道，杳不知其所穷，始大骇汗。过野庙，遇老叟，问此为何山。曰："古昭关也。去香淋院尚三十里余，宜急行。前山有火起者，乃烈原以驱虎也。"时铜钲束燎皆不及备。傍山涉涧❷，怪石如林，马为之辟易。众以为伏虎，却顾反走，颠仆枕藉，呼声甚微；虽强之大噪，不能也。良久乃起。循岭以行，谛视崖堑，深不可测，涧水潺潺，与风疾徐。仰见星斗满天，自分不可免，且念伍员昔尝厄于此关，岂恶地固应尔耶？尽二鼓，抵香淋。灯下恍然自失，如更生者。

——《夜渡两关记》❸

这篇记叙文的主体为作者程敏政自己，事迹为夜渡两关遇惊，时间为成化戊戌冬十月十六日及十七日，地点为清流关和大昭关。四个要素，无一或缺。

记叙文的特质

记叙文必须有两种特质：一是"真"，一是"活"。不真便灌输不可靠的知识，不活便没有使人兴感的力量。而且不但科学的记叙文要真，就是文学的记叙文，其四要素虽都出于虚构，出于想象❹，也须写得像一个

❶ 峦岫迴合：山峦重叠。

❷ 涧：原书为"磵"。

❸《夜渡两关记》：明代学者程敏政（1445－1499）写的一篇纪实散文，记载了作者因省亲心切，夜渡清流关和昭关所遇惊险之事。两次都是虚惊，同样都是夜渡地势险恶而又多虎的关隘，但在作者笔下，却各有不同的写法，都写得扣人心弦，其情其境，让读者仿佛身临其境。作者用笔跌宕起伏，曲折回合，极尽腾挪之妙，但这又是通过极自然的文字、巧妙的布局来完成的。

❹ 想象：原书写作"想像"，后面同。

真实的事迹，或一种真实的景象一样，不露一些造作的痕迹，才有感人的力量；不但文学的记叙文要活，就是科学的记叙文也不能过于率直，必须加以煊染，使一个事迹或一种景象像在眼前活跃一样，才能给读者留下深刻的印象。例如：

（一）

中华民国十六年八月十七日，这天在中国空军的战史上，是一个不可磨灭的日子，永远可泣可歌的纪念日子。

在这天早晨，淞、沪一带水汪汪的稻田和它的上空都是淡青的，没有一丝云，没有一只飞鸟，整个天地都被暑威克服了。只有江湾、北站会战的巨炮，在远天击着民族解放的战鼓，风声隐约中，好像还听得嘶哑的喉咙呐喊着："前进！杀！"

在这碧蓝的天空中，有一只孤独的霍克机，被敌人的高射炮弹围住，显然陷入极大的危险中。

敌人的高射炮是集团使用的，无数的弹花迸裂在霍克机的四周；带状的黑烟拦阻着霍克机的进路。霍克机刚要低飞，想冲出高射炮的火网，忽然尾巴上冒出青烟来！不用说，是中了敌弹。这时地上的敌军都从掩蔽部里爬出来，注目凝神地向天空望着。

在霍克机快要变成"尾旋"的一瞬间，一个小黑点从机座中弹了出来——立刻变成一个美丽的大伞，浑圆、洁白，以柔和的姿势徐徐飘坠下来。

★ 不但文学的记叙文要活，就是科学的记叙文也不能过于率直，必须加以煊染，使一个事迹或一种景象像在眼前活跃一样，才能给读者留下深刻的印象。

敌军发狂了，房屋里、桑林、竹林里、街头、桥堍、阵地上，到处都蜂拥出来，指天画地，嘈成一团。他们再也顾不得长官的约束，都飞快地朝着保险伞降落的地方跑去。

"去看支那❶飞行士，支那俘虏！"

"支那空军投降了。"

"支那飞行军官一定跪地哀求活命。……"

跑跳着，叫喊着，幻想着，不多时几百个粗短疯狂的敌军，集拢在一处。

中国的飞行员真的在他们面前出现了！

他是个年轻的小伙子，最多只有二十几岁，飞行衣已撕破了，英武的直挺挺地站在一个大坟堆上，天神般的凛然❷不可侵犯！

敌军开始向他包围了，前前后后何止数百人，乃至数千人。当他发觉前后左右都是野兽般的敌兵时，知道已经不幸地孤身陷入敌阵了。但他毫不畏怯，毫不惊慌；手中握着左轮，眼中冒着怒火。

敌军军官开始用日语叫他降服，他用左轮答复了这初次重大的侮辱。"砰！砰！砰！"三个日本人倒了下去，粗腿乱蹬着；其余的见势不佳，掉头便跑。随着三八式步枪开始响了；远处的竟跑回去拿机关枪，近处的卧倒在地上，俨然如临大敌！

敌人对这"单人"所进行的第二次攻击，又在阵亡两人之后狼狈败退了。

现在，年轻的中国飞行员只剩一颗子弹了，敌兵们又慢慢地集拢来；军官们怪声乱叫着，勒令士兵把这"支那飞行士"活捉过来，不许杀害。他看这情势，心里明白。但是他想：黄帝的子孙，只可以作壮烈的战死，怎么能作倭奴的俘虏？他知道他最好的结局到了。四面望去，都是敌人黄色的浪潮；抬头，是祖国微笑的青天；低头，是祖国芬芳的土地。年轻的战士心里一阵心酸，一股热血直冲到脑门，在野兽般的敌兵逼近到五十米距离时，他英武地对着祖国的青天立正，瞪目举枪，照准太阳穴，"砰！"

日本人替他造了一座坟，上书"支那空军勇士之墓。"

这勇士的名字是阎海文，才二十二岁。

——《壮哉空军烈士阎海文❶》

（二）

武松走了一程，酒力发作，焦热起来，一只手提着哨棒，一只手把胸膛前袒开，跟跟跄跄，直奔过乱树林来；见一块光挞挞大青石，把那哨棒倚在一边，放翻身体，却待要睡；只见发起一阵狂风，那一阵风过了，只听得乱树背后扑地一声响，跳出一只吊睛白额大虫来。武松见了，叫声"啊呀！"从青石上翻将下来，便拿那条哨棒在手里，闪在青石边。那大虫又饥又渴，把两只爪在地下略按一按，和身望上一扑，从半空里撺将下来。武松被那一惊，酒都做冷汗出了。说时迟，那时快，武松见大虫扑来，只一闪，闪在大虫背后。那大虫背后看人最难，便把前爪搭在地下，把腰胯一掀，掀将起来。武松只一闪，闪在一

❶ 阎海文（1916－1937）：辽宁北镇人，中国空军飞行员。九一八事变加入空军，航校六期毕业。1937 年 8 月 17 日，他所属第五大队轰炸上海北四川路日军陆军司令部时，被日本军队的高射炮击中，机身着火。阎海文跳伞后落入敌阵，遭数十名日本士兵围捕并劝降，阎海文不为所动、用飞行员佩带的手枪击毙五名日军，之后用最后一颗子弹自杀殉国。日本军人敬重阎海文的气节，埋葬了他并立碑刻上"支那空军勇士之墓"。

❶ 剪：原书为"翦"，后面同。

旁。大虫见掀他不着，吼一声，却似半天里起个霹雳，震得那山冈也动，把这铁棒也似虎尾倒竖起来，只一剪❶。武松却又闪在一边。——原来那大虫拿人，只是一扑，一掀，一剪；三般捉不着时，气性先是没了一半。——那大虫又剪不着，再吼了一声，一兜兜将回来。武松见那大虫复翻身回来，双手轮起哨棒，尽平生气力，只一棒，从半空劈将下来。只听得一声响，簌簌地将那树连枝带叶劈脸打将下来；定睛看时，一棒打不着，大虫原来打急了，正打在枯树上，把那条哨棒折做两截，只拿得一半在手里。那大虫咆哮性发起来，翻身又只一扑扑将来。武松又只一跳，却退了十步远，那大虫却好把两只前爪搭在武松面前。武松将半截哨棒丢在一边，两只手就势把大虫顶花皮胳胳地揪住，一按按将下来。那只大虫急要挣扎，被武松尽气力捺定，那里肯放半点儿松宽。武松把只脚望大虫面门上眼睛里只顾乱踢。那大虫咆哮起来，把身底下爬起两堆黄泥，做了一个土坑。武松把那大虫嘴直按下黄泥坑里，那大虫吃武松奈何得没了些气力。武松把左手紧紧地揪住顶花皮，偷出右手来，提起铁锤般大小拳头，尽平生之力只顾打；打到五、七十拳，那大虫眼里、口里、鼻子里、耳朵里都迸出鲜血来，更动弹不得，只剩口里兀自气喘。武松放了手，来松树边寻那打折的哨棒，拿在手里，只怕大虫不死，把棒橛又打了一回，眼见气都没了，方才丢了棒。寻思道："我就地拖得这死大虫下冈子去。"就血泊里双手来提起，那里提得动；原来使尽了气力，手脚都苏软

14

了。武松再来青石上坐了半歇，寻思道："天色看着黑了，倘或又跳出一只大虫来时，却怎地斗得他过？且挣扎下冈子去，明早却去理会。"就石头边寻了毡笠儿，转过乱树林边，一步步捱下冈子来。

——《景阳冈》❶

❶ 选自施耐庵的《水浒传》中的第二十三回"横海郡柴进留宾 景阳冈武松打虎"。

这两篇记叙文：前者为科学的记叙文，因为所写都是真实的事迹，但写来很生动有力，如读文艺作品；后者为文学的记叙文，因为所写事迹全出想象和虚构，但因写来没有一些造作的痕迹，所以像真有其事一样。

记叙文中的作者

在记叙文中，作者和所记叙的对象的关系，有如下的两种资格：

1. 作者自己就是对象。

2. 作者站在读者作媒介的地位。

在第一种地位上，作者是把关于自己的事迹或景象直接写出来告诉读者，如自传、自序、书信、游记、日记、祭文❷以及其他用第一人称写的记叙文都是。在这些文章里，作者常用主观的态度和第一人称的口气，把自己所要记叙的关于自己的一切如实地表现出来。在第二种地位上，作者自己完全不参预文中所记叙的事迹或景象，而用纯粹客观的态度，第三人称的口气，

❷ 祭文：文体名，祭祀或祭奠时表示哀悼或祷祝的文章。体裁有韵文和散文两种。内容主要为哀悼、祷祝、追念死者生前主要经历，颂扬他的品德业绩，寄托哀思，激励生者。同时，祭文也是为祭奠死者而写的哀悼文章，是供祭祀时诵读的。它由古时祝文演变而来，其辞有散文，有韵语，有俪语。

把那所要记叙的事迹或景象介绍给读者，作者自己并不在文中出现。例如：

（一）

　　民国八年双十节❶之次日，我们从意大利经过瑞士，回到巴黎附近白鲁威的寓庐。回想自六月六日离开法国以来，足足四个多月，行了几千里的铁路，游了二十几个名城，除伦敦外，却没有一处住过一来复以上，真是走马看花，疲于奔命。如今却有点动极思静了。

　　白鲁威离巴黎二十分钟火车路程，是巴黎人避暑之地。我们的寓庐，小小几间朴实楼房，倒有个很大的院落，杂花满树，楚楚可人。当夏令时，想是风味绝佳，可惜我不会享受；到得我来时，那天地肃杀之气，已是到处弥漫❷。院子里那些秋海棠、野菊，不用说，早已萎黄凋谢，连那十几株百年合抱的大苦栗树，也抵不过霜威风力，一片片的黄叶，蝉联飘堕，层层堆叠，差不多把我们院子变成黄沙荒碛。还有些树上的叶，虽然还赖在那里挣他残命，却都带一种沉忧凄凉之色，向风中战抖抖的作响，诉说他魂惊望绝。到后来索性连枝带梗滚掉下来，像也知道该让出自己所占的位置，教后来的好别谋再造。

　　欧北气候本来森郁，加以今年早寒，当旧历重阳前后，已有穷冬闭藏景象，总是阴霾霾的欲雨不雨，日间还要涌起蒙蒙黄雾。那太阳有时从层云叠雾中瑟瑟缩缩闪出光线来，像要告诉世人，说他还在那

❶ 民国八年双十节：民国八年为1919年。双十节（10月10日）即辛亥革命纪念日。

❷ 弥漫：布满；到处充斥着。

16

里。但我们正想要去亲炙他一番，他却已躲得无踪无影了。

我们住的这避暑别墅，本来就不是预备过冬之用，一切构造，都不合现在的时宜，所以住在里头的人，对于气候的激变感受不便，自然是更多且更早了。

欧战以来，此地黑煤的稀罕，就像黄金一样。便有钱也买不着。我们靠着取暖的两种宝贝，就是那半干不湿的木柴和那煤气厂里蒸取过煤气的煤渣。那湿柴煨也再煨不燃，吱吱的响，像背地埋怨，说道："你要我中用，还该先下一番工夫。这样生吞活剥起来，可是不行的"。那煤渣在那里无精打彩的干炙，却一阵一阵地爆出碎屑来，像是恶狠狠地说道："我的精髓早已榨干了，你还要相煎太急吗？"

我们想着现在刚是故国秋高气爽的时候，已经一寒至此；将来还有三、四个月的严冬，不知如何过活。因此连衣服也不敢多添，好预备他日不时之用。只是靠些室内室外运动，鼓起本身原有热力来抵抗外界的沍寒。

我们同住的三、五个人，就把白鲁威当作一个深山道院，巴黎是绝迹不去的，客人是一个不见的。镇日坐在一间开方丈把的屋子里头，傍着一个不生不灭的火炉，围着一张亦圆亦方的桌子，各人埋头埋脑做各自的功课。这便是我们这一冬的单调生活趣味，和上半年恰恰成个反比例了。我的功课中有一件，便是整理这部游记。

——《白鲁威寓庐中》❶

❶ 选自梁启超的游记《欧游心影录》。

（二）

云英者，沈将军至绪女也。将军守备道州，张献忠破武昌，过洞庭而西，势张甚；未几攻围道州，将军战殁。云英年十七，告州人曰："贼虽累胜，然皆乌合，不足畏。吾女子，义不忍与贼俱生；吾为父死，诸公为乡里死，即道州可完；孰与乞命狂贼之手，坐视妻若子为虏乎？"众壮其意，皆曰："诺"。

城门开，云英甲而驰，一城人奋起随之，直前击贼。贼骇乱，出不意，皆自相踩藉以奔，遂解道州围。获父尸，城中人皆缟素，助云英成丧。时贼所过，城率不战下，而以死全道州城者，云英父子也。

郡守上功，诏赠至绪副总兵，加云英游击将军，坐父署，守道州。

云英会稽人也。距令百余年，道州祠祀麻滩，四时不绝。

——《沈云英传》❶

前引两文，前者全是用作者自己的口气记叙自己在白鲁威寓庐中的事迹的文章，后者所记叙的事迹，和本文作者全无关系，不过把沈云英的忠勇事迹介绍给读者知道罢❷了；所以前者是作者站在第一种地位写的，后者是站在第二种地位写的。

此外还有并不是作者自己的事迹，却也用主观的态度，第一人称的口气来记叙的；这种记叙的方法，在作文法的术语叫做"拟我法"。也有文中的对象本来

❶《沈云英传》：作者为清代文人夏之蓉（1697-1784）。沈云英（1624-1660）明代女将，出身武职世家，为名垂青史的巾帼英雄。沈云英虽是裙钗女，却与众不同，资兼文武。她自幼喜爱习武，擅长骑马射击，耽于书籍，强于记忆，饱读经史，对宋朝胡安国的《春秋传》颇有研究。

❷罢：原书为"吧"，后面同。

是自己，偏不用第一人称而用第三人称来写，好像完全不是自己的事迹，和自己全无关系一样；这种写法，作者是站在第二种地位。这两种记叙法，以文学的记叙文为多，所以在小说童话中为常见。例如：

（一）

八月初九日。是日，有一不幸之事，起自我同窗之身，初不虞❶于此学期之劈头数日，乃有是变也。

今晨，我父送我至学校，我于途中告我父以杨先生之所语，我父语以在学堂中当惟先生之言是从，先生言言皆金玉也。已而将及学堂门，见围而观者甚众，人声喧杂。我不知今者学堂猝起何变，我父亦骇愕❷不置。我乃牵父衣自人丛中挤身而入。

初入学堂门，见校长室外，棼乱❸如麻。又闻叹息之声四彻，曰："可怜哉！此周家子也！"既乃入校长室，则有警察二人暨一着黑呢大褂者在，余识其为某医院之医士也。时我父乃询校长曰："今日何为如此扰扰者？"校长目视医士，复语我父曰："马车断学生足矣！"言已，默然。旁一人曰："周邦杰今日入学堂，马车伤其足。"盖周邦杰者，与余为同级生；今日晨起诣学堂，忽罹❹此厄，惨哉！

愿周生之受此创也，乃以救人故。初，本学堂之初等科学生七、八人，亦入学堂来，其母送之，中途腾跃，母不能禁，中一生处�石而颠，适后有一马车辚辚至，车轮且碾其上而过；周生见之，一跃而前，迅救此生，此生被救，而己乃受创。盖周生者，陆

❶ 不虞：意料不到；指出乎意料的事。

❷ 骇愕：惊讶，惊愕。
❸ 棼乱：杂乱，混乱。

❹ 罹（lí）：受，遭逢，遭遇。

军统师周公之子，统制以勇敢著名；故周生有乃父
风焉。

　　方万声沉寂间，忽见一妇人劈众独前，状类痫
者，则周生之母也。以父母爱子之心度之，其心痛肠
断，宁可言者！继见又一妇人入，眼泪沿颊而下，见
周生之母，即长跽❶不起。来者为谁？即邦杰所救学
生之母也。此时满堂之视线，均集于此两人之身。室
中寂静，惟闻此两学生之母啜泣❷而已。

　　忽闻门外有马车至，俄而学校中之小使，背负周
生入。周生两手伏于小使之肩，茬然无力，目闭口
张，面青如铁。时人人震骇，嗫不作声。我杨先生就
小使之肩，抱周生于怀，向之垂泪。于是我同级生举
为之泫然。

　　已而满堂之声响震耳，咸呼曰："周生好男
儿！周生侠少年！周生以拯人而伤足，不愧为军人
之子！"

　　周生闻众人欢呼声，略启其眼，又转目四瞩，嘤
然❸而呼曰："我书包奚往乎？"语已，又阖目❹喘
息，若不胜惫者。小学生之母遽趋前曰："周公子！
书包在余处，君勿系念！君以救吾儿故，致创己身，
实为痛惜，我恨不能共君任此苦也。"言已，涕交于
颐，至不能仰。周生之母见此状，转慰之曰："婶勿
悲！是儿合当有此蹇运❺；抑愚夫妇不德所致。"言
已，亦泣。已而校长及杨先生、小使等，复送周生上
马车，两学生之母，护之妇家。

　　　　　　　　　　　　　　　　——《勇敢之小学生》

❶ 跽（jì）：两膝跪着，上
身挺直。

❷ 啜泣：抽噎，抽抽搭
搭地哭。

❸ 嘤然：形容声音细弱。

❹ 阖目：闭目。

❺ 蹇运（jiǎn yùn）：蹇劣
的命运，指不顺利的遭
遇。

（二）

……老残洗过脸，把房门锁上，走了出来，先到河堤上看看。见那黄河从西南下来，到此却正是个湾子，过此便向正东去了。河面不甚宽，两面相距不到二里，若以此刻河水而论，也不过百丈宽的光景。只是面前的冰，插得重重叠叠的，高出水面七、八寸厚。老残再向上流走了一、二百步，只见那上流的冰，一块一块落下来，到此被前面的冰拦住，走不过，便积住了。后来的冰，赶上前面积住的冰，只挤得嗤嗤作响。后来又被这溜水逼得❶紧了，就窜到前冰上面去，前冰被压就渐渐低下去了。看那河身虽百十丈宽，当中大溜的不过二、三十丈，两边俱是平水，那平水已结成冰了。冰面被那岸上沙土吹满，好似沙土一般。中间一道溜河，仍然奔腾澎湃，有声有势。那走不过去的冰，挤到两边平水上的，被乱冰挤破了，往岸窜出有五、六尺远。许多破冰积起来，像个插瓶似的。看了一点多钟工夫，老残复往下流走去，过了原来的地方，再往下走。见有两只船，船上有十多个人，都拿着木杵打冰，向前打些，又向后打些。对岸有两只船，也是这个打法。

老残看见天色渐渐昏了，打算回店。再看那堤上柳树影子，都已照在地下，原来月光已经放了。回到店中，喊店小二上灯，吃过晚饭，又到堤上闲步。这时山风已息，谁知道冷气逼人，比那有风的时候还厉害些。幸得老残已穿上申东造所赠的羊皮袍子，故还当得起冷。只见那打冰的船，还在那里打；每船上点了一个小灯笼，远远望去，仿佛有"正堂"二字，一

❶ 得：原书为"的"，后面同。

21

面有"齐河县"三字。抬起头来，看见南面山上，一条白光，映着月色，分外好看。一层一层的山岭，却分别不清楚，又有几片白云在里面，所以分不出是云是山。及至定睛看去，方才看出哪❶是云、哪是山来。虽然云是白的，山也是白的，云有亮光，山也有亮光；只因为月在云上，云在月下，所以云的亮光从背后透过来，那山却不然的，山的亮光由月照到山上，被那山上雪反射过来，所以光是两样的。然只稍近地方如此，那山望东去，越望越远，天是白的，山也是白的，云也是白的，就分辨不出来。老残对着云月交辉的景致，想起谢灵运❷的诗："明月照积雪，北风劲且哀"两句，若非经阅北方寒像，哪里知道"北风劲且哀"的"哀"字呢？

这时月光照满大地，抬起头来，天上的星，一颗也看不见。只见北方北斗七星，也像淡白点子光了，还算看得清楚呢，那北斗斜倚着紫微星垣❸的西边上面，勺在上，魁在下。老残心里想："岁月如流，眼见斗勺又将东指了，人又要添一岁了。一年一年如驶地过去，如何结局呢？"想到此地，不觉滴下泪来，也就无心观玩景致，慢慢地回店去了。一面走着，觉得脸上有样物件挂着，用手一摸，原来两边滑溜溜的两条冰。起初不懂，这物哪里来的，既而想着，也好笑了。原来方才滴下的泪，天冷就冻在脸上。他立着的地下，必有许多冰珠子呢。回到店里，也就睡了。

次日早起，再到河上看看两只打冰船，在河上已冻牢了。闻堤间人说："昨儿打了半夜，往前打去，后面就冻住了；往后打去，前面又冻住了。所以今儿歇手不打。不如等到冰结实了，从水上过去吧。"因此老残也就只有这个法子了。

——《黄河结冰记》^❶

前引两文，都出于小说，前者用拟我法，文中的"我"并不真是作者自己，而全是作者想象中的人物；后者中的老残，实在就是作者刘鹗^❷自己，他不用第一人称而完全像写一个和自己全没关系的人一样，使自己站在第二种地位。

第二节　取材

记叙文材料的来源

一般文章的材料，须在平素多多积贮，才能临时取用；独有记叙文的取材，即使平日毫无积贮，亦能随时俯拾，凡是自己亲身所经历，所感受，以及耳之所闻，目之所见，甚至自己的理想，只要遣词妥善，结构适当，都能写成极好的记叙文。总括一切记叙文所用材料的来源，大约不出下列五途：

1. 由经历得来

经历本是人生获得知识最简捷的途径，记叙文材

❶ 选自清末小说家刘鹗的中篇小说《老残游记》中第十二回"寒风冻塞黄河水 暖气催成白雪辞"。

❷ 刘鹗（1857-1909）：清末小说家，著有《老残游记》，此书是晚清四大谴责小说之一。

料的来源，也以此为主体，所以经历愈多，材料也愈富，而文章也丰腴❶可诵。用这种材料来写成的记叙文，以传记或游记为多，在纯文艺的小说中也时时可以发现。例如：

❶ 丰腴：丰富；（土地）丰饶；亦形容人体态丰满。

> 一九二四年，我由法友介绍到里昂附近香本尼乡村避暑，借住在一个女子小学校。因在假期，学生都没来，校中只有一位六十岁上下的校长果理夫人和女教员玛丽女士。
>
> 我的学校开课本迟，我在香乡整住了一夏，又住了半个秋天。每天享受新鲜的牛乳和鸡蛋、肥硕的梨桃、香甜的果酱、鲜美的乳饼。我的体重竟增加了两基罗。
>
> 到了葡萄收获的时期，满村贴了招工采葡萄的招纸，大家都到田里帮助采葡萄。
>
> 记得一天傍晚，我和果理夫人们同坐院中菩提树下谈天，一个脚登木鸟，腰围犊鼻裙的男子到门口问道："我所邀请的采葡萄工人还不够，明天你们几位肯来帮忙吗，果理夫人？"
>
> 我认得这是威尼先生。他在村里颇有田产，算得一位小地主。平日白领高冠，举止温雅，俨然是位体面的绅士；在农忙的时候，却又变成一个垢腻的农夫了。
>
> 果理夫人答应他明天去。他走过之后，夫人又问我愿否加入。她说，帮助采葡萄，并不是劳苦的工作，一天还可以得六法郎的工资，并有点心、晚餐。

她自己是年年都去的。

我并不念那酬劳，不过她们都走了，独自一个在家里也闷，不如去散散心，便也答应明天一同去。

第二天，太阳第一条光线，由菩提树叶透到窗前，我们就收拾完毕了。果理夫人和玛丽女士穿上围裙，吃了早点，大家一齐动身。路上遇见许多人，男妇老幼都有，都是到田里去采葡萄的。香本尼是产葡萄的区域，几十里内尽是人家的葡萄园；到了收获时候，阖村差不多人人出场，所以很热闹。

威尼先生的葡萄园，在女子小学的背后，由学校后门出去，五分钟便到了。威尼先生和他的四个孩子，已经先在园里。他依然是昨晚的装束；孩子们也穿着极粗的工衣，笨重的破牛皮鞋。另外有四、五个男女，想是邀来帮忙的工人。

凉风拂过树梢，似大地轻微的噫气。田间陇畔，笑语之声四彻，空气中充满了快乐。我爱欧洲的景物，因它兼有我国北方的爽垲❶和南方的温柔，法国的人民也是这样，有强壮的体格而又有秀美的容貌，有刚毅的性质而又有活泼的精神。

❶ 爽垲：高爽干燥。

威尼先生田里葡萄种类极多：有水晶般的白葡萄，有玛瑙般的紫葡萄。每一球不下百余颗，颗颗匀圆饱满。采下时放在大箩里，用小车转到他家里的榨酒坊。

我们一面采，一面拣那最大的葡萄吃。威尼先生还怕我们不够，更送来装在瓶中榨好的葡萄汁和切好的面包片充作点心，但谁都吃不下，因为每人工作时至少吞下二、三斤葡萄了。

天黑时，我们到威尼先生家用晚餐。那天帮忙的人，同坐一张长桌，都是木鸟围裙的朋友，无拘无束地喝酒谈天。玛丽女士讲了个笑话，有两个意大利的农人合唱了一首意大利的歌，大家还请我唱了一个中国歌。我的唱歌在中学校时是常常不及格的，而那晚居然博得许多掌声。

这一桌田家饭，吃得比巴黎餐馆的盛宴还痛快。

我爱我的祖国，我期望着在祖国也能得到一点收获的愉快。过去的异国之梦，重谈起来，是何等的使我系恋啊！

——《收获》❶

2. 由读书得来

读书也是获得材料的一途，不过比较间接而非直接。但是因为它是无数古人或今人的经历，而且已经过抉择，所以反而比较自己所经历还须加以去取者为素净，吾们所以要读书，就是为这缘故。这种材料写成的文章，以历史传记一类为多。例如：

当一千九百零三年时，美利坚❷有一四万吨大军舰，举行进水式，军乐悠扬，国旗飘荡，盛哉！盛哉！此军舰何名乎？则所谓"亚美利加之幼童"者也。今试溯其名称以详其历史。

初，某岁之夏，某小学将放暑假。教师率学生游行海滨，夕阳红如火，清风徐来，暮景苍然。俄见一

❶《收获》：作者苏雪林（1897-1999），现代作家、学者，代表作有散文集《绿天》和自传体小说《棘心》等。

❷ 美利坚：即美国，全称美利坚合众国（United States of America）。

26

大军舰乘风破浪而至。小学生大喜跃，咸拍手欢迎之。师曰："汝曹乐乎？"佥曰："乐甚。"师曰："汝曹宁不能造此巨舰，以示拥护国家乎？"群哗然曰："先生诳哉！我等年幼力弱，何能办此？一舰之费几何？请先生诏示我等。"师曰，"少可百万元。"则皆咋舌。师曰："汝曹毋懊！有志者事竟成，吾试析其理以语汝等。"则皆应之曰："愿闻。"师曰："汝曹但就日常果饵之费，节省若干，积而贮之，则事可为矣。"学生曰，"是尐尐❶者乌克有济？"师曰："未已也；今我国小学生徒，全国可八百万，脱人人如是者，不及一年，若是之军舰可成其四矣。"学生闻言，皆大感奋。

　　是日之晚，教师方掩户欲就寝，忽闻剥啄❷声，则本校学生各持数币而来，曰："学生等感先生言，敢节果饵之费，以为造舰之需，愿先生为我辈贮之！"师敬受之，曰："诺。"

　　翌日，某报载其事，而遐迩各小学校皆赞成之。于是美国之童子，啖一佳果，必曰："我其以是为军舰之贮金。"购一玩具，必曰："我其以是为军舰之贮金。"女学校之初级生，亦争货其手编物，曰："将以是为军舰之贮金。"不半载，各储蓄银行报告，军舰贮金已达三百余万。无何，美国之军舰中，遂有"亚美利加之幼童"一号。

　　　　　　　　——《亚美利加之幼童》❸

❶ 尐尐：浅少，形容少；亦指浅狭。

❷ 剥啄：（1）象声词，敲门或下棋声。（2）叩击，敲打。

❸ 本文作者为包天笑（1876-1973），近现代小说家、翻译家。北美洲和南美洲以巴拿马运河为界，总称亚美利加洲，简称美洲。

3. 由想象得来

想象可以帮助经历的不足，也可以破除由读书得来的隔膜。因为人是有理智的动物，理知的想象，其真确性并不低下于经历和读书所得。而且经历和读书有时要为环境所限止，倒是想象力丰富的人，可以上天入地，无往而不达。这一类材料，以用于文学的记叙文为多，但在其他写实的文章中，也不能不有想象的成分。例如：

王小玉便启朱唇，发皓齿，唱了几句书儿。声音初不甚大，只觉入耳有说不出来的妙境，五脏六腑里，像熨斗熨过，无一处不伏贴；三万六千个毛孔，像吃了人参果，无一个毛孔不畅快。唱了十数句之后，渐渐的越唱越高，忽然拔了一个尖儿，像一线钢丝，抛入天际：不禁暗暗叫绝。哪知她于那极高的地方，尚能回环转折；几转之后，又高一层，接连有三、四叠，节节高起，恍如由傲来峰西面攀登泰山的景象：初看傲来峰峭壁千仞，以为上与天通；及至翻倒傲来峰，才见扇子崖更在傲来峰上；及至翻到扇子崖，又见南天门在扇子崖上；愈翻愈险，愈险愈奇。那王小玉唱到极高的三、四叠后，陡然❶一落，又竭力骋其千回百折的精神，如一条飞蛇，在黄山三十六峰中腰里盘旋穿插，顷刻之间，周匝❷数遍。从此以后，愈唱愈低，愈低愈细，那声音渐渐的就听不见了。满园子的人，都屏气凝神，不敢少动，约有两三

❶ 陡然：骤然；突然；形容形势急转，令人猝不及防，感到意外。

❷ 周匝：环绕一周，叫做一匝。

分钟之久，仿佛有一点声音，从地底下发出。这一出
之后，忽又扬起，像放那东洋烟火，一个弹子上天，
随化作千百道五色火光，纵横散乱。这一声飞起，即
有无限声音，俱来并发。那弹弦子的，亦全用轮指，
忽大忽小，同她那声音相和相合；有如花坞春晓，好
鸟乱鸣，耳朵忙不过来，不晓得听哪一声的为是。正
在撩乱之际，忽听霍然一声，人弦俱寂。这时台下叫
好之声，轰然雷动。

——《明湖居听书》**❶**

4. 由观察得来

由观察获得材料，和读书相似，也以帮助经历的
不足，且辅佐想象所不及，惟读书是间接的，这倒是
直接的。这种材料，和想象所得差不多，常用于一般
的文学的记事文，而科学的记叙文如地理风俗志一类
中也不可少。例如：

"这株梧桐，怕再也难得活了！"

人们走过秃梧桐下，总是这样惋惜地说。

这株梧桐，所生的地点，真有点奇怪。我们所住
的屋子，本来分做两下给两家住的。这株梧桐，恰
恰长在屋前的正中，不偏不倚，可以说是两家的分
界牌。

屋前的石阶，虽仅有其一，由屋前到园外去的路
却有两条，——一家走一条。梧桐生在两路的中间，
清阴分盖了两家的草场；夜里下雨，潇潇淅淅打在桐

❶《明湖居听书》：节选
自《老残游记》第二
回，原题为"历山山
下古帝遗踪，明湖湖
边美人绝调"。

29

叶上的雨声，诗意也两家分享。

不幸园里蚂蚁过多，梧桐的枝干，为蚁所蚀，渐渐的不坚牢了。一夜雷雨，便将它的上半截劈折，只剩下一根二丈高的树身，立在那里，亭亭有如青玉。

春天到来，树身上居然透出许多绿叶，团团附着树端，看去好像一棵棕榈树。

谁说这株梧桐不会再活呢？它现在长了新叶，或者更会长出新枝，不久定可以恢复从前的美阴了。

一阵风过，叶儿又被劈下来，拾起一看，叶蒂已啮断了三分之二——又是蚂蚁干的好事，哦！可恶！

但勇敢的梧桐，并不因此挫了它的志气。

蚂蚁又来了，风又起了，好容易长得掌大的叶儿又飘去了，但它不管，仍然萌新的芽，吐新的叶，整整的忙了一个春天，又整整的忙了一个夏天。

秋来，老柏和香橙还沉郁的绿着，别的树却都憔悴了。年近古稀的老榆，护定它青青的叶，似老年人想保存半生辛苦贮蓄的家私，但哪禁得西风如败子，日夕在耳畔絮聒❶！——现在它的叶儿已去得差不多，园中减了葱宠的绿意，却也添了蔚蓝的天光。爬在榆干上的薜荔，也大为喜悦，上面没有遮蔽，可以酣饮风霜了；他脸儿醉得枫叶般红，陶然自足，不管垂老破家的榆树，在他头上瑟瑟地悲叹。

大理菊东倒西倾，还挣扎着在荒草里开出红艳的花。牵牛的蔓，早枯萎了；但还开花呢。可是比从前纤小，冷风凉露中，泛满浅紫嫩红的小花，更觉娇美可怜。还有从前种麝香、连理花和凤仙花的地里，有时也见几朵残花，秋风里，时时有玉钱蝴蝶，翩翩飞

❶ 絮聒：唠叨不停。

来，停在花上，好半天不动；幽情凄恋，它要僵了，它愿意僵在花儿的冷香里！

这时候，园里另外一株梧桐，叶儿已飞去大半；秃的梧桐，自然更是一无所有，只有亭亭如青玉的干，兀立在惨淡斜阳中。

"这株梧桐，怕再也不得活了！"

人们走过秃梧桐下，总是这样惋惜似的说。

但是，我知道明年还有春天要来。

明年春天仍有蚂蚁和风呢！

但是，我知道有落在土里的桐子。

——《秃的梧桐》❶

❶《秃的梧桐》：作者为苏雪林。

5. 由查访得来

调查和访问，也是获得材料的一法。凡经历所未得，书中也无记载，想象更无所用其力，观察又已事过境迁；逢到这种情形，只有从事调查或访问，以获得事实的证明或专家的指教来解除这种困难。这类材料，以用于科学的记叙文为多。例如：

大同云冈石窟造像，与洛阳伊阙造像相辉映。伊阙佛像见之金石家、游览家之记载者，不胜枚举，独云岗石窟，知者颇鲜。岂以地当塞北，士夫踪迹罕及故欤？京绥铁路既辟，中外旅行家，渐有齿及斯窟者。

中华民国八年六月七日，余发京师，及暮抵大同。翌农雇车四行，历村落二、三，计三十里而达云冈。道中十之六、七属坦途，十之一、二陟山坡，又十之一、二则行河床中。距十里内外，遥望平冈逶迤，如一抹青云，横亘地平线上，知命名之所由来也。

渐近则有层楼耸然，掩护冈外，碧瓦飞甍❶，引人注目，即今所谓石佛寺是也。寺就石窟建四层楼二座，丹膜犹未剥蚀。又西五层楼一，则久失葺治，榱桷渐有攲势。三楼各就一窟修建，其上通光入窟，窟中大佛高者约五、六尺。窟之宽广最大者径六、七丈，其小者三、四丈，略如佛殿。四壁琢大小佛无数，及浮屠、幡幢、宝盖等种种形式，多施以采色。大佛则金身灿然未褪，但积尘久未绂除矣。

三楼以西，又有五大窟。窟外石质多剥蚀，窟中则犹完好，采色颇鲜明，僧言光绪十七年曾加修缮故也。窟中规制各不相同：有中作一塔状琢佛无算者，有中坐一大佛或数佛者，有作内外二重之复殿式者。其四壁则皆琢种种法像，不能以数计。

既复绕出寺外，嘱一僧导以西行，又有大窟十余，多已隳坏❷。窟外石柱石壁大都倾倒，有半身大像显露于外，雕琢精美，非寺内各像已为丹漆涂饰失去真相者所可比。但贫民就石窟营土屋以居者，几于鳞次栉比，无复庄严清净气象。又西有小窟不计数，亦多隳坏。既返寺，又东行，亦有已隳坏之大小石窟一、二十以上。

统计云冈逶迤里许，大小石窟以数百计。佛像大者数丈，小者数寸，巧算不能稽其数，诚历史上、宗

❶ 碧瓦：指青色的瓦片；飞甍：飞檐。甍，屋檐的意思。碧瓦飞甍：指碧绿色（青色）的瓦和飞翘起来的屋檐。

❷ 隳坏（huī huài）：毁坏；败坏；崩毁。

教上、美术上之巨构也。

——《大同云冈石窟佛像记》

材料去取的标准

记叙文的材料虽然到处都是，然而不能在一篇文章或一个题目下面都写进去。不但和题目无关的绝对不能用，就是在题目以内的材料，也须加以抉择而有所去取，否则拖泥带水，必犯着重复或拖沓的毛病。材料去取的决定，全以文章本身为主，1. 必须切合题目；2. 必须注意特色。

1. 切合题目

切合题目本是作任何体裁的文章所应该遵守的，但在记叙文因材料比较容易获得，所以更须特别注意。所谓切合题目，不但要不违反题目，也不要不切题目。例如：

这是一张尺多宽的小小的横幅，马孟容❶君画的。

上方的左角，斜着一卷绿色的帘子，稀疏而长。帘子中央，着一黄色的，茶壶嘴似的钩儿——就是所谓软金钩吗？"钩弯"垂着双穗，石青色；丝缕微乱，若小曳于轻风中。纸右一圆月，淡淡的青光遍布纸上。月的纯净、柔软与和平，如一张睡美人的脸。

❶ 马孟容（1892-1932）：近代书画家，编著出版有《墨趣专述》《马孟容花鸟画集》《草虫鱼蟹谱》。

33

从帘的上端向右斜伸而下，是一枝交缠的海棠花；花叶扶疏上下错落着，共有五丛，或散或聚，都玲珑有致。叶嫩绿色，仿佛掐得出水似的；在月光中掩映着，微微有深浅之别。花正盛开，红艳欲流；黄色的雄蕊，历历的，闪闪的，衬托在丛绿之间，格外觉着娇娆了。枝敧斜而腾挪，如少女的一只臂膊。枝上歇着一对黑色的八哥，背着月光向着帘里。一只歇得高些，小小的眼儿半睁半闭的，似乎在入梦之前，还有所留恋似的。那低些的一只，别过脸来对着这一只，已缩着颈儿唾了。帘下是空空的，不着一些痕迹。

这页画，布局那样经济，色彩那样柔活，故精彩足以动人。虽是区区尺幅，而情韵之厚，足以沦肌浃髓而有余。我看了这画，瞿然而惊，留恋之怀，不能自已。故将所感受的印象粗细写出，以志这段因缘。

——《一张小小的横幅》❶

❶ 节选自朱自清的散文《温州的踪迹》，原题为"月朦胧，鸟朦胧，帘卷海棠红"。

这篇文章所写，始终不曾脱离"一张小小的横幅"上所有的，就是开端和结尾也没有说出题外。这是一篇最切合题目的好文章。

2. 注意特色

取材不注意特色，写成的文章便千篇一律，只要一部作文描写辞典便可包罗尽净了，我们何必再写文章呢？譬如在同样"记国庆节"一个题目下，今年的国庆节有今年的特色，明年所过一定又和今年不同；游西湖所见，必异乎游太湖所见，所以一定要注重特色，才能把它们各自表现出来。例如：

当我住在北平那一年，有一天，我早上起来，往城南访一个朋友，去时太阳本已有些发毛；一点钟左右，起身回家时，北风正一阵紧似一阵地刮着，天也黑将下来。我满望到了骡马市大街，可以雇车；不料走到那平日"肩摩毂击❶"的大街，一看，完全换了样，不要说车，连行人也没有。原来那些"熙来攘往"的人都受了风的威胁，躲在家里了，只剩我一人硬着头皮在和风夺路。风真大，我这时又逆着风向走，走上了二步，倒退了两步，这可没有法了。忽然想着严陵滩上那些背着纤，逆水行舟的纤夫，我便往前斜着身子，学他们的走法，一步一步的和风拼命。这样，果然好了些。但是一路上棋子般大的泥块，夹着粉末似的细沙，被风卷起来，尽往我脸上打，眼睛里、鼻子里、耳里、嘴里、甚至牙齿缝儿里，满是沙，不必说；脸上着了风带着的泥块，又是疼、又是冷、越冷就越疼。不好，到了宣武门的城门洞了。这时候，风给城门洞一逼紧，力量益发大，我真有点"寸步难移。"我只好掉转头，背着风，采用"沉着应战"的方略——乘它一休息，我就回身赶上进占了几步；它一来，我又掉转头，背着它，静待着。照这样的方略，支撑了三次，总算进了城。于是再用纤夫的走法，苦苦的夺路到了家。

当晚我因和风奋斗之余，疲乏已极，倒头便睡。一觉醒来，风声没有了，纸窗上大放晴光。我心里一喜，赶紧起来，卷上窗帘一望，呀！原来是一天大雪，竟在一个晚上，不声不响的，将我家那院子"粉

❶ 肩摩毂击：肩膀和肩膀相摩，车轮和车轮相撞。形容行人车辆往来拥挤。

妆玉琢"起来。

——《风雪中的北平》❶

❶《风雪中的北平》：作者为金兆梓（1889–1975），现代著名语言学家、文史学家。

这篇文章，所写全是北平的风雪景象，在别的地方虽也有风雪，但一定和这不同，所以是一篇很能表现特色的好文章。

第三节　结构

记叙文的顺序

文章是集辞成句，集句成段，集段成篇的；这些句，段排列的先后，和文章的好坏大有关系。但是记叙文是写实的文章，只要取材适当，便不致于写得怎样不好。它的最通常的结构方法，也只有极自然的先后的顺序：一是由起点写到终点，一是从大体写到细部。

1. 从起点到终点

这是以作者的经历或观察点为主，从开始到终了，依着经历或观察的先后顺次记下。大概凡传记和游记文章都用这种写法。例如：

> 齐人有冯谖者，贫乏不能自存，使人属孟尝君，

愿寄食门下。孟尝君曰："客何好？"曰："客无好
也。"曰？"客何能？"曰："客无能也。"孟尝君笑
而受之曰："诺❶"。

　　左右以君贱之也，食以草具。居有顷，倚柱弹其
剑，歌曰："长铗❷归来乎，食无鱼"！左右以告，
孟尝君曰："食之比门下之客"。

　　居有顷，复弹其铗，歌曰："长铗归来乎，出无
车"！左右皆笑之，以告。孟尝君曰："为之驾，比
门下之车客"。于是乘其车，揭其剑，过其友曰："孟
尝君客我"！

　　后有顷复弹其剑铗，歌曰："长铗归来乎，无以
为家❸"！左右皆恶❹之，以为贪而不知足。孟尝君
问："冯公有亲乎？"对曰："有老母"。孟尝君使人
给其食用，无使乏。于是冯谖不复歌。

　　后孟尝君出记，问门下诸客："谁习计会❺，能
为文收责于薛者乎？"冯谖署曰："能"。孟尝君怪之
曰："此谁也？"左右曰："乃歌夫'长铗归来'者
也。"孟尝君笑曰："客果有能也。吾负之未尝见也"。
请而见之，谢曰："文倦于事，愦于忧❻，而懦愚❼，
沉于国家之事，开罪于先生，先生不羞，乃有意欲为
收责于薛乎？"冯谖曰："愿之"。于是约车治装，裁
券契而行，辞曰："责毕收，以何市而反？"孟尝君
曰："视吾家所寡有者。"

　　驱而之薛，使吏召诸民当偿者，悉来合券。券
遍合，起矫命以责赐诸民，因烧其券。民称"万
岁"。长驱而到齐，晨而求见。孟尝君怪其疾也，衣

❶ 诺：答应声。

❷ 长铗：剑的一种，指
长剑。刀身剑锋长者
称"长铗"，短者称
"短铗"。铗，剑柄。

❸ 无以为家：没有能力
养家。

❹ 恶（wù）：讨厌。

❺ 计会（kuài）：会计。

❻ 愦（kuì）于忧：忧愁
思虑太多，心思烦乱。
愦，同"溃"，乱。

❼ 懦愚：懦弱无能。懦，
原书为"懤"。

冠而见之，曰："责毕收乎？来何疾也？"曰："收毕矣。""以何市而反？"冯谖曰："君云：'视吾家所寡有者，'臣窃计君宫中积珍宝，狗马实外厩，美人充下陈。君家所寡有者以义耳；窃以为君市'义'！"孟尝君曰："市义奈何"！曰："今君有区区之薛，不附爱子其民，因而贾利之。臣窃矫君命，以责赐诸民，因烧其券，民称万岁：乃臣所以为君市义也！"孟尝君不说，曰："诺；先生休矣！"

后期年[1]，齐王谓孟尝君曰："寡人不敢以先王之臣为臣"。孟尝君就国[2]于薛。未至百里，民扶老携幼迎君道中。孟尝君顾谓冯谖："先生所为文市义者，乃今日见之！"

——《冯谖客孟尝君》[3]

2.从大体到细部

这是以事迹或景象的本身为主体，先写出关于全体的材料，随后将各部分的材料从大到小按次写出。这类记叙文以偏写静态为多，因静态的人物比较的固定也。例如：

李龙眠画罗汉渡江，凡十有八人，一角漫灭[4]，存十五人有半，及童子三人。

凡未渡者五人：一人值[5]坏纸，仅见腰足；一人戴笠携杖，衣袂翩然，若将渡而无意者；一人凝立远望，开口自语；一人跷左足，蹲右足，以手捧膝，作缠结状，双履脱置足旁，迥顾微哂[6]，一人坐

[1] 后期年：一周年之后。期（jī）年，整整一年。

[2] 就国：回自己的封地。国，指孟尝君的封地薛。

[3] 《冯谖客孟尝君》：记叙了冯谖为巩固孟尝君的政治地位而进行的种种政治外交活动（焚券市义，谋复相位，在薛建立宗庙），表现冯谖的政治识见和多方面的才能，反映出齐国统治集团内部和齐、魏等诸侯国之间的矛盾。冯谖善于利用矛盾以解决矛盾。

[4] 漫灭：磨灭看不清。

[5] 值：遇到。

[6] 哂（shěn）：微笑。

岸上，以手踞地，伸足入水，如测浅深者；方渡者九人；一人以手揭衣，一人左手策杖，目皆下视，口呿❶不合；一人脱衣双手捧之而承以首；一人前其杖，回首视捧衣者；两童子首发鬔鬙❷，共舁一人以渡；所舁❸者长眉覆颊，面怪伟如秋潭老蛟；一人仰面视长眉者；一人面亦苍老，伛偻策杖，去岸无几，若幸其将至者；一人拊童子背，童子瞪目闭口，以手反负之，若重不能胜者；一人貌老过于伛偻者，右足登岸，左足在水，若起未能；而已渡者一人，捉其右臂，作势起之，老者努其喙，缬纹❹皆见；又一人已渡者，双足尚跣❺，出其履将纳之，而仰视石壁，以一指探鼻孔，轩渠自得。

按罗汉于佛氏为得道之称，后世所传高僧，犹云"锡飞，杯渡❻"，今为渡江艰辛乃尔，殊可怪也，推画者之意，岂以佛氏之作、止、语、默❼，皆与人同，而世之学佛者，徒求卓诡、变幻、可喜、可愕之迹，故为此图以警发之欤？昔人谓太清楼所藏吕真人画像，俨若孔、老，与他画师作轻扬状者不同，当即此意。

——《李龙眠画罗汉记》❽

插叙法和逆叙法

前面所讲的记叙文顺序，乃是最普通的顺序。此外，还可兼用插叙法和逆叙法。

❶ 呿（qū）：张口。

❷ 鬔鬙（péng sēng）：头发散乱的样子。

❸ 舁（yú）：抬。

❹ 缬（xié）纹：皱纹。

❺ 跣（xiǎn）：光脚。

❻ 锡：锡杖。僧人所用。锡飞：跨着锡杖飞行。杯渡：乘着木杯渡河。锡飞杯渡都是古代关于高僧的传说。

❼ 作、止、语、默：活动、休止、说话、沉默。

❽ 选自《黄陶庵先生全集》卷七。李龙眠，即宋代著名画家李公麟，擅长画山水佛像。文章描绘了李龙眠所画的一幅十八罗汉渡江图，按"未渡者"、"方渡者"、"已渡者"三种类型，一一勾勒出画中人物的不同神态和动作以及相互关系，生动地展现了画家的艺术功力。结尾点明画家的用意，是要说明十八罗汉渡江像平常人一样艰辛，并不像人传说的那样有"锡飞杯渡"的本事。读此文，使人如见原画，又了解了画家的寓意和笔法特色。

1. 插叙法

凡是从起点写到终点的记叙文，都是记述一个事迹或一种景象的推动和移转状态，所以它的流动性直下无阻，但一用插叙法时，流动性便受阻碍而暂时停滞。插叙的文章，常带有说明的作用，所以即使作者站在第三者地位，也往往用第一人称口气说话。这类文章，其实是记叙文带说明文，而不是纯粹的记叙文。下面例文中括弧里的文章，用的就是插叙法：

> 在苏州盘桓两天，踏遍了虎邱贞娘墓的芳草，天平山下蓝碧如鲎液的吴中第一泉，也欣然尝到了，于是我和同行的李君奋着余勇，转赴无锡观赏汪洋万顷的太湖去——（这原是预定了的游程，并非偶起的意念，或游兴的残余）。
>
> 我们是乘着沪宁路的夜车到无锡的。抵目的地时，已九句点了。那刚到时的印象，我永远不能忘记，是漆黑的夜晚，群灯灿烂着。我们冒着霏微的春雨，迷然投没在她的怀中。
>
> 虽然是在不安定的旅途中，（但是因为身体过于疲累，而且客舍中睡具的陈设并不十分恶劣之故，）我终于舒适地酣眠了一个春宵。醒来时，已是七句钟的早晨。天虽然是阴阴的，可是牛毛雨却没有了；我们私心不胜欣慰。于是坐上早已雇妥的黄包车，向着往太湖的路上进发。
>
> 到"湖山第一"的惠山了；刚进山门，两旁有许

多食物店和玩具店，见了它，好像得到了一个这山是怎样"不断人迹"的报告。车夫导我们进惠山寺，在那里买了十来张风景片。登起云楼，（楼虽不很高，但上下布置颇佳，）不但可以纵目远眺，小坐其中，左右顾盼，也很使人感到幽逸的情致。昔人题此楼诗，有"秋老空山悲客心，山楼静坐散幽襟。一川红树迎霜老，数曲清磬远寺深"之句。现在正是"四照花开"的春天（楼上楹联落句云："据一山之胜，四照花开，"真是佳句！）而非"红树迎霜"的秋日，所以这山楼尽容我"静坐散幽襟，"而无须作"空山悲客心"之叹息了。

天下第二泉，（是一个多么耸动人听闻的名词！我们现在虽没有"独携天上小圆月，"也总算"来试人间第二泉"了！）泉旁环以石，上有覆亭。近亭壁上有一"天下第二泉"署额，（增添了许多古迹名胜，给予后代好事的游客以赏玩凭吊之资，也是怪有趣味的事情。）我又想到皮日休"时借僧庐拾寒叶，自来松下煮潺湲"的诗句，觉得那种时代是离去我们太遥远了；不免自然地又激扬起一些凄伤之感。

——《惠山游记》❶

❶《惠山游记》：即《太湖游记》，作者为钟敬文（1903-2002），民俗学家、民间文学大师、现代散文作家。

2. 逆叙法

逆叙法也叫倒叙法，也带有说明的性质，不过它是把事迹或景象的顺序颠倒过来说，就是时间在先的反而后写，在后的反而先写，所以仍旧是记叙文，而不是带有说明文。下面例文中括弧里的文章，就是用逆叙法写的：

父亲的朋友送给我们两缸莲花：一缸是红的，一缸是白的，都摆在院子里。

八年之久，我没有在院子里看莲花了，——但故乡的园子里，却有许多，不但有并蒂的，还有三蒂的，四蒂的，都是红莲。

（九年前的一个月夜，祖父和我在园里乘凉，祖父笑着和我说："我们园里最初开三蒂莲的时候，正好我们大家庭中添了你们三个姊妹。大家都欢喜，说是应了花瑞"。）

半夜里听见繁杂的雨声，早起是浓阴的天，我觉得有些烦闷。从窗内往外看时，那是一朵白莲已经谢了，白瓣儿小船般散漂在水面，梗上只留个小小的莲蓬和几根淡黄色的花须。那一朵红莲，昨夜还是菡萏的，今晨却开满了，亭亭的在绿叶中间立着。

仍是不适意——徘徊了一会子，窗外雷声作了，大雨接着就来，愈下愈大。那朵红莲，在无遮蔽的天空之下，被那繁密的雨点，打得左右敧斜❶。我不敢下阶去，也无法可想。

对屋里母亲唤着，我连忙走过去，坐在母亲旁边说笑；——一回头忽然看见红莲旁边的一个大荷叶，慢慢的倾侧下来，正覆盖在红莲上面……我不宁的心绪散尽了。

雨势并不减退，红莲却不摇动了。雨点不住的打着，只能在那勇敢慈怜的荷叶上面，聚了些流转无力的水珠。

❶ 敧（qī）斜：邪曲不正；倾斜，歪斜。

我心中深深的受了感动——

母亲啊！你是荷叶，我是红莲，心中的雨点来了，除了你，谁是我在无遮拦天空下的荫蔽？

——《莲花》❶

记叙文的简和详

记叙文的整个对象是事迹或景象。事迹或景象是以一个个事件或物件做单位的。但同一事迹或景象，它的单位并没有一定，所以写出的对象可以有简和详的分别。而且有时作者为了行文的便利和全篇分量的匀称，把次要的单位省去了不用。这样，尽管题目相同，取材相同，而所写文章也就分出简和详来。例如：

（一）

孝武将讲孝经，谢公兄弟与诸人私庭讲习，车武子难苦问谢，谓袁羊曰："不问则德音有遗，多问则重劳二谢。"袁曰："必无此嫌。"车曰："何以知尔？"袁曰："何尝见明镜疲于屡照，清流惮于惠风。"

——《世说新语》❷

（二）

他们的身体这样的轻，腿这样的健，才奔向这一

❶《莲花》：即《荷叶母亲》，这是一篇借景抒情、托荷叶赞母的散文诗。它是一篇爱的美文，作者为雨打红莲、荷叶护莲的生动场景所感动从而联想到母亲的呵护与关爱，抒发了子女对母亲的爱。本文作者是中国现代著名诗人、作家、儿童文学家——冰心。

❷《世说新语》：中国南朝宋时期产生的一部主要记述魏晋人物言谈轶事的笔记小说。它是由南朝刘宋宗室临川王刘义庆（403-444）组织一批文人编写的，记述自汉末到刘宋时名士贵族的遗闻轶事，主要为有关人物评论、清谈玄言和机智应对的故事。

角，刹那间已赶到那一角了，正同于绝顶机敏的猎犬。他们的四肢百骸又这样的柔软，后弯着身躯会得接球，会得送球；横折着腰肢会得受球，会得发球；要取这球时，跃起来，冲前去，便夺得了；要让这球时，闪过点，蹲下点，甚至故意跌倒在地上，便避开了。他们两方面各有熟习的阵势：球在某人手中，第二个人早已跑到适当的地位等着，似乎料得定他手中的球将怎样抛出来而且一定抛得多么远。同时预备接第二个人的球的第三个人，也就跑到另一个适当的地位，预备接到了球，便投入那高高挂着的篮。在敌的一面，那就一个人贴近正拿着球的，极敏捷、极警觉地想法夺取那手中的球。又一人监守着预备接球的第二个人，似乎他能确断所站的是个更为适当的地位，那球过来时一定落在自己的手中，又一定送到同伴的手中。他的眼光早已射到站在远处而可把球付与的同伴了，而他的几个同伴正就散开在几个适当的地位等着。这些仅是一瞬间的形势而已，而且叙述得太粗疏了，实际决不止这一点。只等球一脱手，局面便全变了。主客之势，掎角之形，身体活动的姿态，没有一样不是新的。那球腾掷❶不歇，场上便刻刻呈现新的局面。

——《篮球比赛》❷

❶ 腾掷：腾跳；向上飞起样子。

❷ 作者不详。

　　上引二文，前者写得恐怕已简至无可再简，后者却详尽万分。

习题一

1.什么叫记叙文？

2.什么是科学的记叙文？并在本书所引记叙文中举例说明。

3.什么是文学的记叙文？并在本书所引记叙文中举例说明。

4.记叙文的要素是什么？是不是每篇记叙文中必须全有？

5.记叙文为什么要写得活？试从本书所引记叙文中举出一段活的例来。

6.记叙文为什么要写得真？试从本书所引记叙文中举出一段真的例来。

7.作者在记叙文中的地位怎样？

8.记叙文的材料是怎样得来的？

9.记叙文材料去取的标准怎样？

10.记叙文的顺序应该怎样排列？

11.试作一篇用插叙法写的记叙文。

12.试作一篇用逆叙法写的记叙文。

13.试将本书所引某一篇详的记叙文改为简的记叙文。

第二章 说明文

第一节 性质

什么是说明文

　　说明文是解说事物、剖析事理的文章。它和科学的记叙文有些相似，实在是全不相同的：说明文以普通的范围为对象，所写的多为抽象的知识；科学的记叙文则以特殊的范围为限，所写多为具体的事迹或景象。例如：

（一）

　　我们屋后有半亩隙地。母亲说："让它荒芜着❶怪可惜，既然你们那么爱吃花生，就辟来做花生园

❶ 着：原书写作"著"，后面同。

罢。"我们姊弟几个都很喜欢，——买种的买种，动土的动土，灌园的灌园，过了几个月，居然收获了！

妈妈说："今晚我们可以做一个收获节，也请你们爹爹来尝尝我们的新花生，如何？"我们都答应了。母亲把花生做成好几样食品，还吩咐这集会要在园里的茅亭举行。

那晚上的天色不大好，可是爹爹也到了，实在很难得！爹爹说："你们爱吃花生吗？"

我们都争着答应，"爱！"

"谁能把花生的好处说出来？"

姊姊说："花生的气味很美。"

哥哥说："花生可以制油。"

我说："无论何等人都可以用贱价买它来吃；都喜欢吃它。这就是它的好处。"

爹爹说："花生的用处固然很多，但有一样是很可贵的。这小小的豆不像那好看的苹果、桃子、石榴，把它们的果实悬在枝上，鲜红嫩绿的颜色，令人一望而发生羡慕的心。它只把果子埋在地下，等到成熟，才容人把它挖出来。你们偶然看见一棵花生瑟缩地长在地上，不能立刻辨出它有没有果实，必得到你接触它，才能知道。"

我们都说："是的。"母亲也点点头。爹爹接下去说："所以你们要像花生；因为它是有用的，不是伟大、好看的东西。"我说："那么，人要做有用的人，不要做伟大、体面的人了。"爹爹说："这是我对于你们的希望。"

我们谈到夜阑才散。所有花生食品虽然没有了，然而父亲的话，现在还印在我心版上。

——《落花生》❶

❶《落花生》：作者许地山（1894-1941），现代作家、学者，主要著作有《危巢坠简》《空山灵雨》《道教史》《达衷集》等。

47

（二）

天下事有难易乎？为之，则难者亦易矣；不为，则易者亦难矣。人之为学有难易乎？学之，则难者亦易矣；不学，则易者亦难矣。

吾资之昏，不逮人也；吾材之庸，不逮人也；旦旦而学之，久而不怠焉，迄乎成，而亦不知其昏与庸也。吾资之聪，倍人也；吾材之敏，倍人也，屏弃而不用，其昏与庸，无以异也。然则昏庸聪敏之用，岂有常哉？

蜀之鄙，有二僧：其一贫，其一富。贫者语于富者曰："吾欲之南海，何如❶？"富者曰："子何恃而往❷？"曰："吾一瓶一钵足矣。"富者曰："吾数年来欲买舟而下，犹未能也。子何恃而往？"越明年，贫者自南海还，以告富者，富者有惭色。西蜀之去南海，不知几千里也；僧富者不能至，而贫者至焉。人之立志，愿不如蜀鄙之僧哉！

是故聪与敏，可恃而不可恃也。自恃其聪与敏而不学，自败者也。昏与庸，可限而不可限也。不自限其昏与庸而力学不倦，自立者也。

——《为学一首示子侄》❸

上举两例，前者为解说事物的说明文，后者为剖析事理的说明文。

说明文的种类

说明文就它所要说的对象和作者所持的态度的不

❶ 何如：怎么样？

❷ 子何恃而往：您凭着什么去？恃，倚仗、凭借。

❸ 本文收录于《白鹤堂文集》，作者为清代彭端淑。因彭端淑同族子侄很多，仅其祖父直系就达69人之众，但当时连一个文举人都没有，作者见状，甚为忧心，急而训之，所以才写出这篇文章来，劝勉子侄读书求学不要受资昏材庸、资聪材敏的限制，要发挥主观能动性，努力学习，立志成才。

同，约可分为科学的说明文和说理的说明文两类。

1.科学的说明文

科学的说明文又名客观的说明文，所要说明的对象，都受客观条件的限制，所取的题材，不容作者有选择的自由。凡各种科学书籍里说明原理或性质的文章，大都属于这一种体裁。例如：

吾人视觉之所得，皆面也；赖肤觉之助，而后见为体。建筑、雕刻，体、面互见之美术也。其有舍体而取面，而于面之中仍含有体之感觉者，为图画。

体之感觉何自起？曰：起于远近之比例，明暗之掩映。西人更益以绘影、写光之法，而景状益近于自然。

图画之内容：曰人，曰动物，曰植物，曰宫室，曰山水，曰宗教，曰历史，曰风俗。既视建筑、雕刻为繁复，而又含有音乐及诗歌之意味，故感人尤深。

图画之设色者用水彩，中外所同也；而西人更有油画，始于"文艺复兴"时代之意大利，迄今盛行。其不设色者，曰水墨，以墨笔为浓淡之烘染❶者也；曰白描，以细笔勾勒❷形廓者也。不设色之画，其感人也，纯以形式及笔势；设色之画，其感人也，于形式、笔势以外，兼用激刺。

中国画家自临摹旧作入手；西洋画家自描写实物入手。故中国之画，自肖像而外，多以意构；虽名山水之图，亦多以记忆所得者为之西人之，画，则人物必有概范，山水必有实景；虽理想派之作，亦先有所

❶ 烘染：指国画设色的技法；衬托渲染，点缀。

❷ 勾勒：原书写作"钩勒"。

本，乃增损而润色之。

中国之画，与书法为缘，而多含文学之趣味；西人之画，与建筑、雕刻为缘，面佐以科学之观察，哲学之思想。故中国之画以气韵胜，善画者多工书而能诗；西人之画以技能及义蕴胜，善画者或兼建筑、图画二术，而图画之发达常与科学及哲学相随焉。中国之图画术，托始于虞、夏，备于唐而极盛于宋；共后为之者较少，而名家亦复辈出。西洋之图画术，托始于希腊，发展于十四、十五世纪，极盛于十六世纪，近三世纪则学校大备，画人伙颐，而标新颖异之才亦时出于其间焉。

——《图画》❶

这是一篇说明图画的原理的文章，所以是科学的说明文。

2. 说理的说明文

说理的说明文又名主观的说明文，恰和科学的说明文相反，它是不受客观条件的限制，作者可以从不同的方面或不同的观点自由地去说明，只要能言之成理，使读者信服就好。凡学者自由发表某种学理、主张或思想的书籍以及各种单篇的说明事理的文章，大都属这一种体裁。例如：

制裁云者，自由之对待也。有制裁之主体，则必有服从之客体。既曰服从，尚得为有自由乎？顾吾尝

❶《图画》：本文作者为蔡元培，这篇文言短文原是他在20世纪初为旅法华工编写的《华工学校讲义》中的一篇。全国解放前夕，此文曾由朱自清、叶圣陶、吕叔湘选进《开明文言读本》，被誉为"说明文的模范"。《图画》在写法上、内容上都有独到的好处。它写得极其凝炼：短短五六百字，便把绘画艺术介绍得确切明了，既统观全体，又条分缕析。没有举重若轻的本领，是写不出这样好的文章的。就内容看，它专门介绍有关艺术方面的知识，说得系统而准确，是不可多得的美育教材。

观万国之成例，凡最尊自由权之民族，恒即为最富于制裁力之民族。其故何哉？自由之公例曰："人人自由而以不侵人之自由为界。"制裁者，制此界也。服从者，服此界也。故真自由之国民，其常要服从之点有三：一曰服从公理；二曰服从本群所自定之法律；三曰服从多数之决议。是故文明人最自由；野蛮人亦最自由：自由等也，而文野之别，全在其有制裁力与否。无制裁之自由，群之贼也。有制裁之自由，群之宝也。童子未及年，不许享有自由权者，为其不能自治也，无制裁也。国民亦然。苟欲享有完全之自由权，不可不先组织巩固之自治制，而文明程度愈高者，其法律常愈繁密，而其服从法律之义务亦常愈严整，几于见有制裁不见有自由，而不知一群之中无一能侵他人自由之人，即无一被人侵我自由之人，是乃所谓真自由也。不然者，妄窃一二口头禅语，暴戾恣睢❶，不服公律，不顾公益，而漫然号于众曰，"吾自由也，"则自由之祸将烈于洪水猛兽矣。昔美国一度建设共和政体，其基础遂确乎不拔，日益发达，继长增高，以迄今日。法国则自一七八九年大革命以后，君民两党互起互仆垂半世纪余，而至今民权之盛犹不及英美者，则法兰西民族之制裁力远出英吉利之下故也。然则自治之德不备而徒漫言自由，是将欲急之，反以缓之，将欲利之，反以害之也。故自由与制裁二者不惟不相悖而已，又乃相辅而成，不可须臾离！言自由主义者，不可不于此三致意也。

　　　　　　　　　　——《制裁与自由》❷

❶ 暴戾恣睢（bào lì zì suī）：《史记·伯夷列传》："暴戾恣睢，聚党数千人，横行天下。"暴戾：凶恶、残暴；恣睢：放纵，任意做坏事。形容凶残横暴，想怎么干就怎么干。残暴凶狠，胡作非为。

❷ 本文节选自梁启超的《十种德性相反相成义》一文。

这是一篇说明自由的学理的文章，所以是说理的说明文。

单纯的说明文和复杂的说明文

在科学的记叙文里，有时不能不用说明文来作为所写事迹或景象的说明，这叫做插叙法，前面已经讲过。但在说明文里，有时也不能不用记叙文来作说明的事理的证据，因此说明文就又有单纯的和复杂的分别。例如：

（一）

青年自觉之道，首在立志。志者，发诸己而非可见夺于他人者也。世人动曰："吾非不欲立志，特强横加我，时势迫我，境遇苦我，故俾我颓丧至于斯极。"不知所谓志者，正在掊此强横、创造时势，战胜境遇，而后志之名称乃称，志之能事乃完，志之实力乃可使人共见。否则皆谓之无志。

待时会之来，乘之以自见于世者，因缘际会而已，非志也。仰他人之势力，利之以显吾身者，侥幸[1]成功而已，亦非志也。吾所云志，乃预知其当然之理，拨开障碍，排除万难，而一循轨道以求之。设已然之事，不能与吾当然之理合，则立除其已然者，而求合乎吾之当然。若徒叹其不然，听其自然，或待其将然，幸其或然者，举非志内之事，吾人所绝不为也。

[1] 侥幸：原书写作"徼幸"，后面同。

人类所以为万物之灵，不为天演所淘汰者，正以负有此志，可以人力胜天而不为物所胜耳。先定一常然之方针，以求将来之归宿，从而获得幸福、安宁、自由、权利，而常保之，此则立志之用也。

——《立志》❶

（二）

诸君现在受教育的时候，预想将来学成之后，有一种贡献到社会上，究竟应该做些什么事呢？诸君现在还未毕业，知识不大发达，学问没有成就，自然不能责备诸君一定要做些什么事。但是在没有做事之先，应该有什么预备呢？应该要注意些什么事呢？依我看来，在这个时期之内，第一件是要"立志"。立志是读书人最要紧的一件事。（中国人读书的思想，都以为士为四民之首，比农工商几种人都要高一些。二三十年以前的学生，他们有一种立志，就是在闭户自读的时候，总想入学、中举❷、点翰林❸、以后还要做大官。）我今天希望诸君的，不是那种旧思想的立志，是比那入学、中举、点翰林、做大官的志，还要大。中国几千年以来，有志的人不少，但是他们那种立志的旧思想，专注重发达个人，为个人谋幸福，和近代的思想，大不相合。近代人类立志的思想，是注重发达人群，为大家谋幸福。用事实说，中国青年应该有的志愿，是在什么地方呢？是要把中华民国重新建设起来，让将来我国的文明，和各国并驾齐驱。我们现在的文明，都是从外国输入的，全靠外国人提

❶ 本文节选自《共和国家与青年之自觉》（《青年杂志》第一卷第一号），作者高一涵（1885－1968），新文化运动的主力军之一，高一涵在《新青年》上发表了大量作品，著作有《政治学纲要》《欧洲政治思想史》《中国御史制度的沿革》等；翻译有《杜威的实用主义》《杜威哲学》等，另有诗集《金城集》。

❷ 中举：古代科举时代称乡试考中为中举。

❸ 翰林：皇帝的文学侍从官，翰林院从唐朝起开始设立，始为供职具有艺能人士的机构，但自唐玄宗后演变成了专门起草机密诏制的重要机构，院里任职的人称为翰林学士。明、清改从进士中选拔。点翰林就是被选为翰林学士。

倡。这是几千年以来所没有的大耻辱。如果我们立志改良国家，万众一心，协力奋斗做去，还是可以追踪欧美。若是不然，中国便事事落在人后，永远不能自己发达，永远没有进步。推其极端，中国便非沦于灭亡不可。所以现在的青年，便应该以国家为己任，把建设将来社会事业的责任，担负起来。这种志愿，究竟是如何立法呢？我读古今中外的历史，知道世界上极有名的人，不全是从政治事业一方面做成功的。有在政权上一时极有势力的人，后来并不知名的。有极知名的人，完全是在政治范围之外的。简单地说，古今人物名望的高大，不是在他所做的官大，是在他做的事业成功。如果一件事业能够成功，便能够享大名。所以我劝诸君立志，是要做大事，不要做大官。

什么事叫做大事呢？大概地说，无论哪一件事，只要从头至尾，彻底做成功，便是大事。譬如（从前有个法国人叫做柏斯多❶，专用心力，考察普通人眼所不能见的东西）。那种东西极微渺，极无用处，为通常人目力之所不及。在普通人看起来，必以为算不得一回什么事，何必枉费工夫去研究它呢？但是（柏斯多把它的构造性质和对于别种东西的关系，自头至尾，研究出来，成一种有系统的结果，把这种东西叫做微生物）。由研究这类微生物，便发明微生物对于各种动植物的妨害极大，必须要把它扑灭才好。（现在世界人类受知道扑灭这种微生物的益处，不知道有多少。譬如从前的人，不知道蚕有受病的，所以常常有许多蚕吐丝不多，所获的利益极微。现在知道蚕也有受病的，蚕受了病，便不能吐丝，考察它受病的原

❶ 柏斯多（1822—1895）：法国微生物学家、化学家。他研究了微生物的类型、习性、营养、繁殖、作用等，奠定了工业微生物学和医学微生物学的基础，并开创了微生物生理学。

因，是由于有一种微生物。消灭这种微生物，便可医好蚕的病，乃可多吐丝。现在广东每年所出丝加多几千万，但许多还有不知道医蚕病的）。如果都知道消灭害蚕的微生物，更可增加无限的收入，那种利益该是何等大呢？现在全世界上由于知道消灭害蚕的微生物所得的总利益，又是何等大呢？但是（当柏斯多立志研究微生物的时候，他也不知道有这样大的利益）。用这件故事证明的意思，便是说，微生物本是极微渺极小的东西，但是研究它关系于动植物的利害，有一种具体结果贡献到人类，便是一件很大的事。（柏斯多立志研究的东西，虽然说是很小，但是他彻底得了结果，便是成了大事，所以他在历史上便享大名。我们中国从前的人，都不知道像柏斯多这样的立志，只知道立志要入学、中举、点状元、做宰相❶，并且还有要做皇帝的。譬如秦始皇出游的时候，刘邦、项羽都看见了，便各自叹气，表示自己的志愿。项羽说："彼可取而代之。"刘邦说："大丈夫当如是也。"他两个人的口气，虽然不同，但是他们的志愿，毫没有分别。换句话说，都是想做皇帝。）这种思想，久而久之，便传播到普通人群中。所以从此以后，中国人都想做皇帝，便不想做别的事。（自民国成立以来，不是像袁世凯想做皇帝，便是像一般军阀想做督军、巡阅使，那也是错了。）因为要达到那种地位是很不容易，障碍物是很多的。因为他们立志，一定要达到那种地位，所以弄得杀人放火，残贼人类，亦所不惜。诸君想想，那种志愿，是好是不好呢？一定是不好的。所以我们必须要消灭那种志愿。至于学生立志，

❶ 宰相：古代辅助帝王掌管国事的最高官员的通称。

55

注重之点，万不可想要达到什么地位，必须要想做成一件什么事。因为地位是关于个人的，达到了什么地位，只能为个人谋幸福。事业是关于群众的，做成了什么事，便能为大家谋幸福。近代人类的思想，是注重谋大家的幸福，我从前已经说过了。大家又知道，许多做大事成功的人，不尽是在学校读过书的，也有向来没有进过学校，却能够做成大事业的。不过那种人是天生的长处，普通人要做的事不错，必要取法古人的长处才好，所以我们要进学校读书，取古今中外的知识才学，来帮助我做一件大事，然后那件大事才容易成功。

———《立志做大事不要做大官》❶

❶ 本文作者为中国近代革命家孙中山。

上面两篇文章，前一篇纯粹是说明事理的文章，所以是单纯的说明文，后一篇中间括弧里的文章本是记叙文，用来作为说明的证据的，所以是复杂的说明文。

此外也有题目是说明文，而本文的记述成分反多于说明的，甚至也有专叙一个事迹来说明一种事理的；反之，也有本身不是说明文，而说明的成分反占大部分的。所以记叙文和说明文的区别，完全不能拿记叙和说明成分多寡来决定，而须根据本文的题目和作者的目的来决定。例如：

（一）

蓉少时读书养晦堂之西偏一室。俛而读，仰而思；思而弗得❶，辄起，绕室以旋❷。室有洼径尺，浸淫日广❸，每履之，足若踬❹焉；既久而遂安之。

一日，父来室中，顾而笑曰："一室之不治，何以天下国家为？"命童子取土平之。

后蓉复履其地，蹴然以惊，如土忽隆起者；俯视地，坦然则既平矣。已而复然，又久而后安之。

噫！习❺之中人甚矣哉！足利平地，不与洼适❻也；及其久而洼者若平❼。至使久而即乎其故，则反窒焉而不宁。故君子之学贵慎始❽。

——《习惯说》❾

（二）

一月十九日晨，是雪后浓阴的天，我早起游山，忽然在积雪中看见了七八朵大开的蒲公英。我俯身摘下握在手里，——真不知这平凡的小草，竟与梅、菊一样的耐寒。我回到楼上，用条黄丝带将这几朵缀将起来，编成王冠的形式。人家问我做什么，我说："我要为我的女王加冕。"说着，就随便地给一个女孩子戴上了。

大家欢笑声中，我只无言地卧在床上——我不是为女王加冕，竟是为蒲公英加冕了。蒲公英虽是我所熟习的一种草花，但从来是被人轻忽，从来是不上美人头的。今日因着情不可却，我竟让她在美人头上照耀了几点钟。

❶ 弗得：没有心得。

❷ 旋：徘徊。

❸ 浸（qīn）淫日广：日渐向外扩展。

❹ 若：总是。踬（zhì）：绊倒。

❺ 习：积习、习惯。

❻ 不与洼适：不能适应凹地。

❼ 洼者若平：走凹地像走平地一样。

❽ 慎始：一开始就慎重。

❾ 本文出自《养晦堂诗文集》，作者为清代文学家刘蓉。文章主要采用了记叙和议论的表达方式，揭示的道理是：对于一个人来说，无论是培养好习惯，还是克服坏习惯，都应该从少年时期开始；因为这个时期是形成各种习惯的最初阶段，培养好习惯容易，克服坏习惯也容易。

蒲公英是黄色、叠瓣的花，很带着菊花的神意。但我也不曾偏爱她。我对于花卉是普遍的爱怜，虽有时不免喜欢玫瑰的浓郁和桂花的清远，而在我忧来无方的时候，玫瑰和桂花也一样成为粪土；在我心情怡悦的一刹那间，高贵清华的菊花，也不能来和手中的蒲公英争夺位置。

世上的一切事物，只是百千万面大大小小的镜子，重重对照，反射又反射；于是世上有了这许多璀璨辉煌虹影般的光彩。没有蒲公英，显不出雏菊；没有平凡，显不出超绝。而且不能因为大家都爱雏菊，世上便消灭了蒲公英；不能因为大家都敬礼超人，世上便消灭了庸碌。即使这一切都能因着世人的爱憎而生灭，只恐到了满山满谷都是菊花和超人的时候，菊花的价值反不如蒲公英，超人的价值反不及庸碌了。

所以世上一物有一物的长处，一人有一人的价值。我不能偏爱，也不肯偏憎，悟到万物相衬托的理，我只愿我心如水，处处相平。我愿菊花在我眼中，消失了她的富丽堂皇，蒲公英也解除了她的局促羞涩，博爱的极端，翻成淡漠。但这种普遍淡漠的心，除了博爱的小朋友，有谁知道！

　　　　　　　　　　　　——《蒲公英》[1]

上面两篇文章：前者题目为说明文，而本文的记叙成分多于说明，往往末一段为说明文；后者是用一个事迹来说明一种事理，所以也杂有不少的记叙成分。但这两篇文章的本身都是说明文。

[1] 选自冰心的《寄小读者》通讯录十七。《寄小读者》是冰心在1923年–1926年间写给小读者的通讯，共二十九篇，其中有二十一篇是她赴美留学期间写成的，主要记述了海外的风光和奇闻异事，同时也抒发了她对祖国、对故乡的热爱和思念之情。

说明文的题式

说明文的题目，普通所用，有两种题式，即单词式与复词式。

1. 单词式

文言文语体文都可用。例如：

梧桐——李渔

说话——朱自清

勇——孙文

毅力——梁启超

廉耻——顾炎武

图画——蔡元培

青年生活——廖世承

2. 复词式

复词式又可分为直述式与疑问式两类，前者也是文言文语体文都可用，后者为白话文所常用。例如：

立志——高一涵

谈读书——朱光潜

作文的基本态度——夏丏尊

习惯说——刘子蓉

弈喻——钱大昕

原才——曾国藩

送东阳马生序——宋濂

★ 复词式又可分为直述式与疑问式两类，前者文言文、语体文都可用，后者为白话文所常用。

以上为直述式。

　　为什么读书——胡适

　　怎样才配称作现代学生——蔡元培

　　怎样建设内地——翁文灏

　　何谓社会问题——孙本文

　　人生目的何在——梁启超

　　娜拉走后怎样——鲁迅

　　真理是什么——陈大齐

以上为疑问式。

第二节　取材

说明文材料的来源

　　说明文是专门灌输知识的文章，所以偏重客观，必须真确，不能搀入感情的成分，尤须避免主观的成见。它的取材，和记叙文差不多，也不出下述五途：

1. 由经历得来

　　例如：

　　余村居无事，喜钓游，钓之道未善也，亦知其趣焉。当初夏中秋之月，早食后，出门而望，见村中塘水晴碧泛然❶。疾理竿丝，持篮而往。至乎塘岸，择水草空处，投食其中，饵钩而下之；蹲而视其浮子，

❶ 泛然：浮动的样子。

思其动而掣之，则得大鱼焉。

无何❶，浮子寂然，则徐牵引之，仍自寂然。已而手倦足疲，倚竿于岸，游目而观之，其寂然者如故。盖逾时始得一动，动而牵掣之。则无有。余曰："是小鱼之窃食者也，鱼将至矣。"又逾时，动者稍异，掣之得鲫，长可四五寸许。余曰："鱼至矣，大者可得矣！"起立而伺之，注意以取之，间乃一得，率如前之鱼，无有大者。

日方午，腹饥思食甚，余忍而不归以钓。是村人之田者，皆毕食出，乃收竿持鱼以归。归而妻子劳问有鱼乎？余示以篮而一相笑也。乃饭后仍出，更诣别塘求钓处，逮暮乃归，其得鱼与午前比。

或一日得鱼稍大者某所，必数数往焉。卒未尝多得，且或无一得者。余疑钓之不善，问之常钓家率如是。嘻，此可以观矣！

吾尝试求科第官禄于时矣，与吾之此钓，有以异乎哉？其始之就试有司❷也，是望而往，蹲而视焉者也。其数试而不遇也，是久未得鱼者也。其幸而获于学官乡举❸也，是得鱼之小者也。若其进于礼部❹，吏于天官❺，是得鱼之大；吾方数数钓而又未能有之者也。

然而大之上有大焉，得之后有得焉。劳神侥幸之门，辛苦风尘之路，终身无满意时，老死而不知休止。求如此之日暮归来；而博妻孥之一笑，岂可得耶！

夫钓，适事也，隐者之所游也。其趣或类于求

❶ 无何：表示时间相隔不久，和"未几"意思差不多。

❷ 有司：古代设官分职，各有专司，故官吏及相应的的衙门称有司。

❸ 乡举：秀才（诸生）参加乡试（省级考试），得中取为举人。

❹ 礼部：主管教育的部。举人进京会试，由礼部主持。考试中式，再经殿试，即成进士。

❺ 天官：吏部列六部之首，后世因以"天官"为吏部的通称。吏部掌全国官吏之任免、考课、升降、调动等事。

得，终焉少系于人之心者，不足可欲故也。吾将惟鱼之求，而无他钓焉，其可哉？

——《说钓》❶

2. 由读书得来

例如：

《五代史·冯道传》论曰："'礼、义、廉、耻，国之四维；四维不张，国乃灭亡。'善乎管生之能言也。礼、义，治人之大法；廉、耻，立人之大节。盖不廉则无所不取，不耻则无所不为；人皆不知廉耻，而至于无所不取、无所不为，则天下其有不乱国家其有不亡者乎？"

然而四者之中，知耻尤要。故夫子之论士曰："行己有耻。"孟子曰："人不可以无耻。"所以然者，人之不廉而至于悖礼犯义，其原皆生于无耻也。故士大夫之无耻，是谓国耻。吾观三代以下，世衰道微，弃礼、义，捐廉、耻、非一朝一夕之故。然而松柏后凋于岁寒，鸡鸣不已于风雨，彼众昏之日，固未尝无独醒之人也。

顷读颜氏家训，有云："齐朝一士夫尝谓吾曰：'我有一儿。年已十七，颇晓书疏。教其鲜卑语及弹琵琶，稍欲通解，以此伏事公卿，无不宠爱。'吾时俯而不答。异哉！此人之教子也！若由此业，自致卿相，亦不愿汝曹为之。"嗟呼！之推不得已而仕于乱世，犹为此言，彼阉然媚于世者，能无愧哉！

——《廉耻》❷

❶ 本文作者为吴敏树（1805-1873），清代散文家。《说钓》虽然仅有四百余字，但却用一件极普通的事——钓鱼，写出了仕途求官之路的种种心情与得失。

❷ 本文选自顾炎武《日知录》，顾炎武在《廉耻》中认为廉耻之心是人类所独有的，告诉大家什么应该去做，什么不该做，要知荣弃耻、褒荣贬耻、扬荣抑耻。

3. 由思考得来

例如：

诸君是学界中人，要知道人类为什么缘故要求学呢？求学的意思便是求知识，因为世界上有很多的事情，很多的道理，都是我们不知道的，又因为世界的文明，要有知识才能够进步，有知识那个进步才很快，我们人类是求文明进步的，所以人类便要求知识。

诸君都知道世界上文明的发达，是在近来二百多年；最快的时期，是近来五六十年。以后人类的知识越发达，文明的进步当然是越快。中国二千多年以前，都有很好的文化，而且文化的进步也是很快的；近二千多年以来，没有什么文化，现在的文化不如唐虞，不如秦汉；近人的知识不如古人。所以中国人崇拜古人的心思，比哪一国人都要厉害些。

为什么近来二千多年没有进步呢？推究这个原因，详细的说，可分作两项：第一项是政治上的关系。从前政府做事，是很宽大的——譬如公天下的时候，尧把天下让到舜，舜把天下让到禹，政府把天下的政权都可以让到别人，其余对于人民的事情，该是何等宽宏大量呢？就是"家天下"❶的时候，"汤武革命，顺乎天，应乎人"❷，"吊民伐罪"❸，也都是求人民的幸福，所以人民便能够自由去发展思想，便有思想去求文化的进步——到了后来，政府一天专制一天，不是"焚书坑儒"❹，便是"兴文字狱"，想种种方法束缚人民的思想，人民哪里能够自由去求文化

❶ 家天下：指帝王把国家政权据为己有，世代相袭。谓帝王把国家当作一家的私产，世代相传。

❷ 出自《易·革·象辞》。汤武革命指的是商朝开国国君商汤灭夏的战争。

❸ 吊民伐罪：吊：慰问；伐：讨伐。慰问受苦的人民，讨伐有罪的统治者。出自《孟子·滕文公下》。

❹ 焚书坑儒：秦始皇公元前213年和公元前212年焚毁书籍、坑杀"犯禁者四百六十馀人"的事件。

的进步呢？第二项是古今人求进步的方法不同。二、三千年前，求进步的方法，专靠实行，古人知道宇宙以内的事情，应该去做，便实行去做，所谓见义勇为；到了成功，更再去做，所以更进步。譬如后稷❶知道人民饥饿，非有适用的农业方法产生五谷不可，便亲自去教民稼穑；禹见到人民受洪水的痛苦，非用相当的治水方法泄去高地之水不可，便亲自去疏通九河；其余像燧人氏发明火，试问他不去钻木怎么取出火来呢？神农氏发明医药，试问他不去尝百草，怎么能知道药的性质呢？到了后来，不是"好读书不求其解"❷，便是"述而不作"❸，"坐而论道"❹，把古人言行的文字，死读死记，另外解释一次；或把古人的解释，再来解释一次，你解释过去，我解释过来，好像炒陈饭一样，怎样能够有进步呢？

照以上那两个理由来看：古人进步最大的理由，是在能实行；能实行便能知，到了能知，便能进步。从前中国人因为能实行，所以进步的文学、哲理、道德等学，不但现在中国人不知道，主是外国人也有不知道的。当中外没有交通以前，外国人看不起中国人，以为中国人是与非洲南洋等处的土人一样，没有一点儿文化，但是现在都渐渐明白了，很多佩服中国的，也有要去研究中国文化的；并且知道中国的文化，有许多地方，现在外国还有不如的。外国的文化是自罗马发源的，后来罗马被欧洲野蛮人征服了，因之他们以后的文化便没有进步。到了元朝有一个外国人，叫做马哥波罗来做了中国的官，后来把中国的文化著了一本书，告诉他们外国人，说中国的文化好得

❶ 后稷：周的始祖，名弃，出生于稷山（今山西运城稷山县）。

❷ 出自陶渊明的《五柳先生传》，意为读书只求领会要旨，不刻意在字句上下功夫。

❸ 述：阐述前人学说；作：创作。将古人的智慧心得加以陈述，并没有加入自己的思想。出自《论语·述而》。

❹ 出自《抱朴子·用刑》，原指坐着议论政事，后泛指空谈大道理。

了不得，别的不讲，单就烧火而论：中国人烧水不用柴，不用油，只用一种黑石头，外国人便不相信，便很以为奇怪。那种黑石头就是煤，在近来外国工业极发达的国家，是最少不得的东西。他们当元朝的时候，说到中国烧黑石头，便很以为奇怪，可见那个时候以前，他们还不知道煤；我们元朝的时候，便早烧了煤，可见中国的工业那个时候便已不坏。从前中国人到外国留学过的，回到中国内说：外国人可在数百里或数千里以外通消息，中国人也不相信，也很以为奇怪。这通消息的东西，就是电报电话，现在中国无论哪一个大城市都也有了。照这样说来，有时候中国不信外国，有时候外国不信中国，这是因为各有各的文明。诸君听到这里，知道中国现在的文明，一则不如外国，二则不如古人。中国古时的文明，进步很快，那种进步为什么能够快呢？这就是我们学者应该要留心的。从前中国人说："士为四民❶之首"，可见学者的力量，在社会上是很大的。详细地说，学者是先知先觉，一举一动，都能够转移社会上的风气；社会对于学者是极尊敬的，如果学者有了主张，社会都是要服从。所以学者对于社会，对于国家，负担有一种责任；现在学者的责任，是在要中国进步。

欧、美的文明不过是二百多年的事，最好的文明尤在近来几十年。再拿日本来说，五十年以前，他们的文明是很黑暗的，近来四、五十年，便进步得很快；又拿暹罗来说，近二十年来，文明的进步，中国也是赶不上。中国的文明，古时进步很快；欧、美的文明，近来进步很快；日本来暹罗❷的文明，也是近

❶ 四民：旧称士、农、工、商为四民。

❷ 暹罗：现东南亚国家泰国的古称。

65

来进步很快。推求这个进步很快的原因，都是一样的，都是因为有正当的学术，有正当的思想。中国近二千多年文明不进步的原因，便是在学说思想的不正当。不正当的地方，简单地说，便是大家以为行很难的，知是很易的。这种思想便误了中国，便误了学者。

就中国近来的情形说，一般学者在家读书的时候，十年窗下，辛辛苦苦，便觉得艰难到了不得；到了有点成功出而应世，到实行的时候，遇到社会上的人，都说知是容易的，行是艰难的。这两句话，真是误了学者不浅！怎么说误了学者不浅呢？因为求学的时候，十年窗下费尽脑力，耗尽心血，所求的学问，是很不容易成功的；若是有一点儿成功，出去实行，便有人说："哼！你求学的时候难，实行的时候更难呵！"大家听了这句话便吓怕了，便不敢去行；不去行，便无法可以证明所求的学问是对与不对；不去行，于是所求的学问没有用处。到了以为学问没有用处，试问哪一个还再情愿去求学呢？就中国从前的情形说：周朝以前的进步是很快的，到了周朝之后，文化便是老大；由于老大的结果，便生出怕事的心理。怕事究竟是好不好呢？从好的一方面来讲，是老成持重；从不好的一方面来讲，是志行薄弱。总而言之：人到了怕事，便遇事畏难，不去做艰难的事，只找容易的事去做。好像倒一盆水到地下，总是向没有抵抗的底下部分去流，是一样的道理。人到了畏难，就不敢轻于尝试，试问文化上怎么能够有进步呢！推究这个原因，根本上的错误，便是在"知之非艰，行之惟艰！"❶以难的为不难，以不难的为难，这个便是大错。我们要除去这个大错，归到正面，便应该说知是难的，行是不难的！但是我们中国人的心理，偏偏反其道而行之，以为行是难的，知是不难的；把极容易做的事视为畏途，不去实行，求一点实际的结果；把极难知的事，看得太容易，不去深求。所以二千多年来，对于一切人情物理，都不能知到登峰造极；至于科学知识极丰富的欧、美人便没有这个心理。譬如本大总统，从前和朋友正在研究"知难行易"❷的时候，有一个美国工学博士进房内来，他说他在美国学校的时候，有一天，一个美国先生告诉他，知是很难的，行是不难的，这位工学博士是中国人，早有中国学说之"知易行难"❸的老成见在心，便很怀疑，和美国先生辩论起来。那位美国先生说："你不要和我争，我告诉你一段故事，自然可以明白。我记得从前有一个人家的自来水管坏了，那个人家的主人，请一个工人去修理，那一个人稍为动一动手，就修好了。主人便问工人说：'你要多少钱呢？'工人说：'五十元零几毫'。主人说：'你稍为动一动手，便修好了，像这样容易的工，何以要许多钱呢？且你不要五十元或者五十一元，何以单要五十元零几毫呢？这个工价数目，真是奇怪得很呢！'工人对主人说：'你看到我修好了之后，这个工作是很容易的，但是你从前何以不自己去修理呢？你从前自己不去修理，要请我来修理，自然是由于你不晓得怎样修理的缘故；我晓得

❶ 知之非艰，行之惟艰：懂得道理并不难，实际做起来就难了。出自《尚书·说命中》。

❷ 知难行易：懂得事情的道理难，而实行却比较容易。出自孙中山《民族主义》第五讲。

❸ 知易行难：认识事情的道理较易，实行其事较难；明白认知事物的规律道理是一回事，能够做到做好是另外一回事。出自《尚书·说命中》。

怎样修理，所以一动手便修好了。这个晓得怎么样修理的知识，是很难，所以我多要一点价值，那五十元便是我知识的价值；至于动手去实行修理，是很容易的，所以我少要一点工钱，那几毫便是我动手的工钱。'主人听了这番话之后，便一面点头，一面对工人说：'你所讲的话很有道理呀，我给你五十元零几毫吧。'"照这件故事看来，就可证明知是很难的，行是容易的，中国人的思想就错在这里，所以中国的文化，几千年都不进步。这里不进步的错处，可以说是'南辕北辙❶'，所以中国人的错便是走错了路。

诸君今天欢迎本大总统，要欢迎本大总统的性质。本大总统的性质，生平是爱革命的。诸君要欢迎本大总统革命的性质。本大总统想要中国进步，不但是对于政治主张要革命，就是对于学问也主张要革命。要把全国人几千年走错了的路都来改正，所以主张学问和思想都要经过一番革命。就中国革命的历史说，汤武是主张革命最早的，人人都说是"顺乎天，应乎人"，本大总统从前主张革命的时候，人人都说是"造反"。说到学问思想上要去推翻它，就是要把思想反过来。所以古人说："知之非艰，行之维艰"；本大总统便要说："行之非艰，知之维艰"。诸君如果赞成本大总统学理上的革命，都应该说："知之惟艰，行之非艰"。就知和行的难易之先后说，凡百事情知了之后才去行，是很容易的，如果不知也要行，当中必走许多"之字路"，经过很多的错误，是很艰难的。为什么不避去那种错误的艰难呢？因为知是很难

❶ 南辕北辙：要到南方去，却驾着车往北走。比喻行动和目的相反。出自《战国策·魏策四》。

的；如果要等到知了才行，那么，行的时候，便非在几百年、几千年之后不可，恐怕没有定期了。所以我们人类有时候不知也要去行。譬如点灯的电，和传电报的电，与夫说电话的电，我们中国人现在有几个能知道它是什么东西呢？但是我们中国的大城市，现在没有哪一家不用它的。这个用它便是行，可见行是容易的。又像中国的指南针也有电的道理，用过了的时代和数目，不知有多少了，这个东西，有的说是黄帝发明的，有的说是周公发明的，无论是哪一个发明的，都是在外国人发明之先，外国向来没有的，中国老早的行了。试问中国人究竟知不知道电呢？学者为四民导师，中国的社会是很崇拜的，普通人有不知道的事情，要告诉他们去行才好。

——《知难行易》❶

4.由观察得来

例如：

梧桐一树，是草木中一部编年史也；举世习焉不察，予特表而出之。

花木种自何年，为寿几何岁，询之主人，主人不知，询之花木，花木不答；谓之"忘年交"则可，予以知时达务则不可也。梧桐不然，有节可纪；生一年，纪一年。树有树之年，人即纪人之年：树小而人与之小，树大而人随之大；观树即所以观身。《易》曰："观我生进退"。欲观我生，此其资也。

予垂髫种此，即于树上刻诗以纪年。每岁一节，

❶ 本文出自孙中山《民族主义》第五讲："诸君要知道知难行易的道理，可以参考我的学说。"孙中山对于知难行易的整个论证，与他的行先知后思想紧密相联。他针对"知易行难"之说，明确提出"行其所不知以致其所知"、"必待行之成之而后乃能知之"的论断，这种行先知后、由行致知的思想，是孙中山的知难行易说中的唯物主义内容。孙中山在肯定行先知后的同时，还极其重视科学知识和革命理论对于行的指导意义，他认为"知与不知"乃是革命建设事业成败的关键。孙中山说的"以行而求知"、"因已知而更进于行"，在一定程度上反映了"行"与"知"的辩证关系。

69

即刻一诗，惜为兵燹所坏，不克有终。犹记十五岁刻桐诗云：

> 小时种梧桐，桐叶小于艾，
>
> 簪头刻小诗，字瘦皮不坏，
>
> 刹那十五年，桐大字亦大；
>
> 桐字已如许，人大复何怪！
>
> 还将感叹词，刻向前诗外。
>
> 新字日相催，旧字不相待；
>
> 顾此新旧痕，而为悠忽戒。

此予幼年著作，因说梧桐，偶尔记及，不则竟忘之矣。即此一事，便受梧桐之益，然则编年之说，岂欺人语乎！

——《梧桐》❶

5. 由查访得来

例如：

居庸关者，古之谭❷守者之言也。龚子曰："疑若可守然。"

何以疑若可守然？

曰：出昌平州，山东西远相望，俄然❸而相辏❹相赴，以至相蹙❺。居庸置其间，如因两山以为之门，故曰：疑若可守然。

关凡四重。南口者，下关也，为之城；城南门至北门一里。出北门十五里，曰中关，又为之城；城南门至北门一里。出北门又十五里，曰上关，又为之城；城南门至北门一里。出北门又十五里，曰八达

---

❶《梧桐》：作者是清初剧作家李渔（1611-1680年），早在李渔前，已多有诗文抒写咏叹梧桐，《梧桐》不蹈袭前人，避写其根、茎、枝、叶，而另辟蹊径，开门见山："梧桐一树，是草木中一部编年史也。"为全文打基定调。紧接着在与其他花木的对比中，显示梧桐的特点，通过对往事的追忆，深情而含蓄地抒发"观树即所以观身"的人生感悟。

❷ 谭：同"谈"。

❸ 俄然：突然。

❹ 辏（còu）：车轮的辐集中于毂上。引申为聚集。

❺ 蹙：迫促，局促。此处形容重叠，挤在一起。

岭，又为之城；城南门至北门一里。盖自南口之南门至于八达岭之北门，凡四十九里。关之首尾其具制如是。故曰：疑若可守然。

下关最下，中关高倍之，上关高倍之，八达岭之倪南口也，如窥井形然，故曰：疑若可守然。

自入南口，城甓有天竺字、蒙古字。上关之北门，大书曰"居庸关，景泰二年修"。八达岭之北门，大书曰"北门锁钥，景泰三年建"。

自入南口，流水喢吾马蹄，涉之琮然鸣；弄之则忽涌忽洑而尽态；迹之则至乎八达岭而穷。八达岭者，古隰余水之源也。

自入南口，木多文杏、苹婆、棠梨，皆怒华。

自入南口，或容十骑，或容两骑，或容一骑。蒙古自北来，鞭橐驼，与余摩臂行。时时橐驼冲余骑颠；余亦挝蒙古帽，堕于橐驼前。蒙古大笑。

自入南口，多雾，若小雨，过中关，见税事焉。问其吏曰："今法网宽大，税有漏乎？"曰："大筐小筐，大偷橐驼小偷羊。"余叹曰："信若是，是有间道矣。"

自入南口，四山之陂陀之隙，有护边墙数十处。问之民，皆言明时修。微税吏言："吾固知有间道，出没于此护边墙之间。承平之世，漏税而已。设生昔之世，与凡守关以为险之世，有不大骇北兵自天而降者哉？"

降自八达岭，地遂平。又五里，曰垄道❶。

——《说居庸关》❷

❶ 垄（bèn）道：道路名。原书为"岔道"。

❷《说居庸关》作者为龚自珍（1792-1841），清代文学家。《说居庸关》是一篇简明的地理志，介绍了居庸关的位置走向、建筑文物和自然环境等概况，又用外族的归顺、间道的存在、城墙的失修隐然流露了险关不足恃的思想。

说明文材料去取的标准

说明文材料的去取，除了一般文章所必具的必须切合题目外，当以读者对象为标准。譬如对农民去讲孔子哲学是什么，或对商人去讲怎样治理黄河，或对男青年去讲女子是否应该回到厨房去，那么任你说得如何动听，是不会发生什么大效率的。而且不但取材要为对象着想，即遣词用字亦须有所分别，对知识较低的读者不能不力求通俗，否则不易了解，对于知识分子如过于通俗了，反而又减少阅读兴趣。这也是作说明文所应该知道的。

1. 以青年为对象

例如：

三民主义青年团，兹已制定团章，开始组织。中正受命于党国艰危之际，负责于民族存亡之交，视本团之组织为吾国家民族生死存亡所系之唯一大事。特于组织之始，以本团产生之意义与使命及所希望于我全国亲爱之青年者，胪举❶而明告之：

青年为革命之先锋队，为国家之新生命，举凡社会之进化，政治之改革，莫不有赖于青年之策动，以为其主力。证之我国近代历史如辛亥革命之推翻满清，民国十五、六年之打倒军阀，参加者大多数皆以青年为主干，其牺牲奋斗之光荣史迹，固与吾中华民族共垂不朽。况当强寇侵扰，抗战经年，非常之大时

❶ 胪：陈述；举：列出。

代业已降临之今日，欲完成抗战建国之艰巨事业，自必更有需于全国青年之一致团结，共同努力。

夫以中国之广土众民，历史悠久，诚能集中力量，持久奋斗，则抗战必胜，建国必成，吾人固深信而无疑，抗战建国原为国民革命必经之阶段，国民革命最后必达于成功之域，而究竟何时成功，则全视乎吾人努力之程度如何，尤视乎继续奋斗者之精神如何。中正献身党国，个人之成败早已置之度外。尝念中国革命为久远而艰巨之事业，对吾富有革命精神继续革命事业之青年，爱之有如至宝。换言之，中正实视吾青年即为余之生命；盖必有无量数之革命青年结合而成一伟大的力量，前仆后继❶，百折不回，而后可以力行主义，捍卫国家，复兴民族，以达成国民革命最后之目的。中正之于我全国青年，期望之殷切既如是其甚，对于吾全国青年前途之成败，更觉所负责任之重大。中国将来之命运，实系于一般青年之身，而所以组织之，训练之，使能尽成为真正中国之青年，真正足以担当抗战建国干部之青年，则为中正无可旁贷之职责。本团之成立即为欲尽此重大之责任而产生，亦即鉴于国家民族当前之迫切需要而组织。今先约言本团产生之主要意义如次：

第一、本团之产生为求抗战建国之成功。

欲期抗战必胜，建国必成，必须培植国家民族之深厚力量以为其基础，而此所谓国家民族之深厚力量者，即全国青年之觉醒与团结是也。已往青年之牺牲奋斗，努力革命者，固不在少数，而就一般言之，则因教育散漫之结果，无恪守纪律之习惯，无团体生活

❶ 前仆后继：前面的倒下了，后面的紧跟着上来。形容不怕牺牲，勇往直前。

之训练，以致纵有爱国之精神，仍多不明爱国之途径。及今正须彻底改革，以尊重纪律，严格训练，矫正旧日之恶习，务使青年受本团之训导而后，尽成为现时代之国民，一洗旧时代殖民式人民之生活与习惯，而充实其现代国民之独立的新精神与自强的新生活。青年在本团之内，职务纵有高下，纪律一律平等，必如是，而青年之日常生活方可完全改观，思想行动方可以归于一致。然后本其对于国家民族之自觉，发挥其爱国尽忠之良知，乃能产生无穷无尽之深厚力量，为国家民族之复兴筑成坚固之基础。

第二、本团之产生为求国民革命新的力量之集中。

革命力量原贵团结。青年既为产生革命力量之源泉，则此新的革命力量尤应凝固而集中。本团之于青年，必使其有统一之意志，受主义之熏陶❶；并锻炼其体魄，发挥其知能，领导其思想行动，使成为继续革命事业之新生命。当此国家民族千钧一发之时，若复任令青年散漫纷歧，各行其是，则意志矛盾，力量抵消，一旦危亡，势必同归于尽。故吾中国青年处此抗战建国之艰苦环境中，断不须效法并世其他国家，任多种不同之政治信仰与行动并存而发展。中国今日之所以作育青年者，只有示以一个国家、一个主义、一个努力方向之要义；而中国青年之所以为国尽瘁者，舍亲爱精诚绝对团结而外，实无他途。不但吾青年应如是，即一般领导青年之知识分子，不问其为何党何派，苟真正为国家民族着想者，亦必当珍爱青年之前途，相率而集合于本团旗帜之下，为作育青年而

❶ 熏陶：被一种思想、品行、习惯所濡染而渐趋同化。

努力，为完成革命而努力。如此则新的革命力量，必将因本团之产生而完全集中，而永久集中，不但目前可凭"众志成城"之伟力，攘❶暴寇而保国族；即在百世之后，亦必可保证我全民族之精诚团结矣。

第三、本团之产生为求三民主义之具体实现。

总理之创三民主义，原为吾革命建国之最高原则；在今日抗战期间，尤为举国民众一致之信仰。然三民主义之所以可贵，乃在于适合中国之需要而切实能行，故三民主义之信徒，不当以仅仅信仰为满足，而必须以实践力行为要务。总理固尝以知难行易之哲学，创导后进，即为针对国人向来畏难偷安之恶习，而勉人以力行。本团自当以力行勖勉❷青年，务使人人在组织训练之中，养成排万难以实现三民主义之勇气，躬行实践，贯彻始终。无论他日环境如何艰危，前途如何困难，决不须臾丧失其所守；更使此笃行三民主义之青年，组成国家之新细胞，担任建设新中国之先锋，并为国家社会一般民众之模范，且进而使全国青年在三民主义的思想体系之中，受严格的组织与训练，发生无限之活力。诚使吾中国革命青年尽为三民主义之笃信力行者，则三民主义之具体实现，如操左券❸。

今日中国，必须完成抗战建国之任务，更必须培养继起的革命力量。本团对于国家所负之重大使命，厥为聚集全国青年力行抗战建国纲领，与联合优秀革命分子充实革命活力之二点。能尽此两大使命，则三民主义必可实现，敌寇外侮必可消除，独立自由之新

❶ 攘：推，排斥。

❷ 勖勉：勉励。

❸ 如操左券：比喻很有把握。左券，古代契约分左右两片，双方各持其一，左片叫左券，由债权人收藏，作为凭据。

中国必可建立。是故组织本团之作用，一方面固为适应目前战时总动员之迫切需要，而他方面尤为树立最近将来国家社会建设之干部基础也。为欲达成此艰巨之使命，则凡参加本团之青年必须整齐严肃，至诚纯一，负起下列特殊之任务：

一、积极参加战时动员

根据全国总动员计划，青年必须就其知能之所近，在国防、产业、交通及宣传、教育各部门作积极活动。奉公守法，尽忠职守；任劳耐苦，始终不懈；视奋斗为天职，以牺牲为当然；青年有此志气，抗战乃能必胜。

二、实施军事训练

在抗战过程中，青年皆须受严格的军事训练，俾每一个团员皆具有保卫国族之技能。而此军事训练，且须包含忠党爱国之精神训练，健身、强种之体格训练，刻苦、耐劳之生活训练，与迅速、确实之行动训练。青年受此训练而后，必能革除文弱❶，萎靡❷之预习，再进而感应社会，乃可使一切建设皆以军事部勒之精神，达到共同一致之成功。

三、实施政治训练

青年皆须受政治训练，使人人具备建设三民主义国家所必需之政治素养及行使四权与实施地方自治等重要知能；并须熟习民权初步，了解管理组织与领导群众之必要方法。必如是则青年在思想上对于三民主义方能有真诚不贰之信仰，在行为上对于现在民治国家之公民权，方可行使而无憾，而三民主义的新中国乃可以实现。

❶ 文弱：文雅而体弱。

❷ 萎靡：精神不振；意志消沉。

四、促进文化建设

国家之强弱系于一般国民文化水平之高下。我国民众知识程度与并世列强相差实远。知识青年必须奋起，一致参加扫除文盲工作，协助进行通俗教育及战时宣传，务使在极短时间加强一般国民之政治认识，而提高其文化水准。庶几可以走上现代国家平等自由之大道。

五、推行劳动服务

青年必须体会总理"人生以服务为目的"之遗训。在一周内须各自参加社会十小时以上之生产劳动，一方面可藉以增加生产，发展国民经济，同时则藉社会服务之机会，可以深入民间，习知实际之艰苦，更因接近民众，而以工作成绩取得一般同胞之信任。

六、培养生产技术

青年一方面注重科学之修养，使意识言行一切皆科学化，养成有条理、有组织、重精密、重实践之新的民族性；同时更须以最大努力接受技术训练，养成生产与劳动之技能，俾得有大量青年服务于农商、路矿、电气等各种轻重工业，使国家伟大之建设可以加速完成。

❶ 涤除：洗去；清除。出自《老子》："涤除玄览，能无疵乎？"

凡此诸端，皆为今后本团所必须努力执行之任务，亦即本团认为革命青年所应共同虽勉之信约。惟欲达成此任务，必须吾青年以涤除❶旧染与振作生机之精神，彻底改造其生活，不惟限制享受，躬行刻苦，更须于日常生活中养成整齐、清洁、简单、朴素、迅速、确实之习惯，革除凌乱、污秽、繁复、奢

① 丕变：大变。出自《书·盘庚上》。

侈、迟钝、虚浮之恶习；务使社会风尚皆得因吾青年实践极端的节约劳苦的新生活，而焕然丕变①；全国同胞皆能为吾青年严守纪律、服从命令之团体生活的精神所感应，而进为现代之国民。

总之，本团之目的在集中全国优秀之青年国民，无间兵、工、农、商、学，而与以一贯之训练，集之于同一之组织，纳之于新生活之规律，由明礼义、知廉耻、具备现代国民之基本条件，以进于群策群力、一心一德、负责任、守纪律、共同建立三民主义现代最新国家之基础。本团之创设非为吾青年个人谋出路，而要求吾青年贡献其能力、自由与生命，以为国家民族谋出路；非为吾青年策安乐、图享受，而欲吾青年共甘苦、同艰危，以求抗战建国之成功与三民主义之实现。

中国今日之耻辱危殆，可谓至矣。吾伟大之河山原野，遍受敌军之践踏；五千年绵延之历史，处于存亡绝续之危机；吾革命先烈与抗战将士赤血白骨无量之牺牲，皆有待于吾全国青年继起努力以竟其全功。是以吾人今日必须猛省过去不能保育青年、领导青年之罪愆，而应急起直追，为吾青年造成一革命的、实践的组织；更为适应国家民族当前迫切之需要，应使此组织成为纲罗全国优秀热烈青年及革命分子之唯一组织。中正深信全国无量数富有革命精神之青年将一致集合于本团之内，遵守本团之纪律与命令，接受本团之训练与指导，以增进其贡献国家之能力而发挥其神圣伟大之使命。中正受命党国，负荷重责，当提掖吾全国亲爱之同胞同艰共苦，生死以之，以踏上我新中国光明成功之大道。黄帝子孙，中华青年，盍兴乎来！

——《告全国青年书》❶

2. 以学生为对象

例如：

我这题目，是把《礼记》里头"敬业乐群"和《老子》里头"安其居乐其业"那两句话断章取义造出来的。我所说的是否与《礼记》《老子》原意相合，不必深求；但我确信"敬业乐业"四个字，是人类生活的不二法门。

本题主眼，自然是在"敬"字、"乐"字。但先有业才有可敬、可乐的主体，理至易明。所以在讲演正文以前，先要说说有业之必要。

孔子说："饱食终日，无所用心，难矣哉！"又说："群居终日，言不及义，好行小慧，难矣哉！"孔子是一位教育大家。他心目中没有什么人不可教诲。独独对于这两种人便摇头叹气说道："难！难！"可见人生一切毛病都有药可医，惟有无业游民，虽大圣人碰着他，也没有办法。

唐朝有一位名僧百丈禅师❷，他常常用两句格言教训弟子，说道："一日不做事，一日不吃饭。"他每日除上堂说法之外，还要自己扫地、擦桌子、洗衣服，直到八十岁，日日如此。有一回，他的门生想替他服劳，把他本日应做的工悄悄地都做了，这位言行相顾的老禅师，老实不客气，那一天便绝对的不肯

❶《告全国青年书》：蒋介石为成立的三民主义青年团而作。三民主义青年团成立于1938年7月9日，蒋介石以国民党总裁身份兼任三青团团长。虽然蒋介石强调"中国将来之命运，实系于一般青年之身"，因此三青团应成为"网罗全国优秀热烈青年及革命分子之唯一组织"，但是三青团团章，却令广大青年，特别是青年学生对三青团望而却步。首先，团章规定了蒋介石在三青团中的独裁地位；没有"团员代表大会"的条款，没有考虑团员的权利。其次，团章规定，团员不得加入国民党以外的其他任何党派，不得于团外批评国民党、三青团。

❷百丈禅师：福州长乐县人，原籍太原，远祖因西晋怀帝永嘉战乱，移居到福州，他是马祖道一的法嗣。

吃饭。

我征引儒门、佛门这两段话，不外证明人人都要有正当职业，人人都要不断地劳作。倘若有人问我："百行什么为先？万恶什么为首？"我便一点不迟疑答道："百行勤为先，万恶懒为首。"没有职业的懒人，简直是社会上的蛀米虫，简直是"掠夺别人勤劳结果"的盗贼。我们对于这种人，是要彻底讨伐，万不能容赦的。有人说：我并不是不想找职业，无奈找不出来。我说：职业难找，原是现代全世界普通现象，我也承认。这种现象应该如何救济，别是一个问题，今日不必讨论，但以中国现在情形论，找职业的机会，依然比别国多得多：一个精力充满的壮年人，倘若不是有心躲懒，我敢信他一定能得到相当职业。今日所讲专为现在有职业及现在做职业上预备的人——学生——说法，告诉他们对于自己现有的职业应采何种态度。

第一要敬业：敬字为古圣贤教人做人最简易直捷的法门。可惜被后来有些人说得太精微，倒变了不适实用了。惟有朱子解得最好，他说："主一无适便是敬。"用现在的话讲：凡做一件事便忠于一件事，将全副精力集中到这事上头，一点不旁骛[1]，便是敬。业有什么可敬呢？为什么应该敬呢？人类一面为生活而劳动，一面也是为劳动而生活。人类既不是上帝特地制来充当消化面包的机器。自然各人须因自己的地位和才力，认定一件事去做。凡可以名为一件事的，其性质都可以敬。当大总统是一件事，拉黄包车也是

❶ 旁骛：在正业以外有所追求；不专心。骛，追求。

一件事，事的名称，从俗人眼里看来有高下；事的性质，从学理上解剖起来并没有高下。只要当大总统的人信得过我可以当大总统才去当，实实在在把总统当作一件正经事来做；拉黄包车的人信得过我可以拉黄包车才拉，实实在在把拉车当作一件正经事来做；便是人生合理的生活：这叫做职业的神圣。凡职业没有不是神圣的，所以凡职业没有不是可敬的。总之，人生在世是天天劳作的，劳作便是功德，不劳作便是罪恶。至于我该做哪一种劳作呢？全看我的才能何如、境地何如，因自己的才能、境地做一种劳作做到圆满，便是天地间第一等人。

怎样才能把一种劳作做到圆满呢？唯一的秘诀就是忠实，忠实从心理上发出来的便是敬。《庄子》❶记佝偻丈人承蜩的故事，说道："虽天地之大，万物之多，而惟吾蜩翼之知。"凡做一件事，便把这件事看作我的生命，无论别的什么好处，到底不肯牺牲我现做的事来和它交换。我信得过我当木匠的做成一张好桌子，和你们当政治家的建设成立一个共和国家同一价值；我信得过我当农夫种植稻、麦，增加生产，和你们当军人的打胜一支压境的敌军同一价值。大家同是替社会做事，你不必羡慕我，我不必羡慕你。怕的是我这件事做得不妥当，便对不起这一天里头所吃的饭。所以我做这事的时候，丝毫不肯分心到事外。曾文正❷说："坐这山，望那山，一事无成。"我从前看见一位法国学者著的书，比较英、法两国国民性，他说，"到英国人公事房里头，只看见他们埋头执笔，各做各的事；到法国人公事房里头，只看见他们衔着

❶《庄子》：作者庄周。道家经典著作之一，分内、外、杂篇，原有五十二篇，乃由战国中晚期逐步流传、揉杂、附益，至西汉大致成形，然而当时所流传的，今已失传。如今所传三十三篇，已经郭象整理，篇目章节与汉代亦有不同。一般认为，内篇是庄子所做。内篇大体可代表战国时期庄子思想核心，而外、杂篇发展则纵横百余年，夹杂黄老、庄子后学形成复杂的体系。

❷ 曾文正：即曾国藩（1811—1872），字伯涵，号涤生，谥文正。晚清政治家、理学家、书法家、文学家，晚清散文"湘乡派"创立人。代表作有《治学论道之经》《持家教子之术》《冰鉴》等。

卷烟，像在那里出神。英国人走路，眼注地上，像用全副精神注在走路上；法国人走路，总是东张西望，像不把走路当一回事"。这些话比较得是否确切，姑且不论；但很可以为敬业两个字下注脚。如果他所说的英国人便是敬，法国人便是不敬。一个人对于自己的职业不敬，从学理方面说，是亵渎[1]职业之神圣；从事实方面说一定把所业做糟了，结果自己害自己。所以敬业主义，于人生最为必要，又于人生最为有利。庄子说："用志不纷，乃凝于神。"孔子说："素其位而行，不愿乎其外。"所说的敬业，不外这些道理。

第二要乐业。"做工好苦呀！"这种叹气的声音，无论何人都会常在口边流露出来，但我要问他："做工苦，难道不做工便不苦吗？"今日大热天气，我在这里喊破喉咙来讲，诸君扯直耳朵来听，有些人看着我们好苦；翻过来，倘若我们去赌钱，去喝酒，还不是一样的淘神费力？难道又不苦？须知苦乐全在主观的心，不在客观的事。人生从出胎的那一秒钟起到绝气的那一秒钟止，除了睡觉以外，总不能把四肢、五官都搁起不用，只要一用，不是淘神，便是费力，劳苦总是免不掉。会打算盘的人，只有从劳苦中找出快乐来。我想天下第一等苦人。莫过于无业游民，终日闲游浪荡，不知把自己的身和心摆在哪里才好，他们的日子真难过；第二等苦人，便是厌恶自己本业的人，这件事分明不能不做，却满肚子里不愿意做，不愿意做，逃得了吗？到底不能，结果还是皱着眉头做去，这不是自己替自己开玩笑吗？由我看来：凡职业都是有趣味的，只要你有恒心做下去，趣味自然会发

[1] 亵渎：冒犯，不恭敬。

生。为什么呢？第一，凡一件职业，总有许多层累曲折，倘能身入其中，看它变化、进展的状态，最为亲切有味。第二，每一职业之成就，离不了奋斗；一步一步地奋斗前去，从刻苦中得快乐，快乐的分量定能加增。第三，职业的性质，常常要和同业的人比较骈进，好像赛球一般，因竞胜而得快乐的。第四，专心做一职业时，把许多胡思妄想杜绝了，省却无限闲烦恼。孔子说："知之者不如好之者，好之者不如乐之者。"人生能从自己职业中领略出趣味，生活才有价值。孔子自述生平，说道："其为人也，发愤忘食，乐以忘忧，不知老之将至云尔。"这种生活，真算得人类理想的生活了。

我生平最受用的有两句话：一是"责任心"，二是"趣味"。我自己常常力求这两句话之实现与调和，又常常把这两句话向我的朋友强聒不舍。今天所讲，敬业即是责任心，乐业即是趣味。我深信人类合理的生活应该如此，我盼望诸君和我一同受用。

——《敬业与乐业》❶

3. 以妇女为对象

例如：

　　我这次访问印度归来，恰恰赶上参加我们陪都的"三八"妇女节，这是非常可快慰的。在我离开的这个时期中，各方战事已又有极大的变化，我认为世界风云如此紧急，轴心强盗❷如此横行，要挽回人类的浩劫，惟有我们每一个男女同胞各竭其能，各守其

❶ 本文选自近代思想家梁启超的《饮冰室合集》，是一篇宣讲人生与事业关系的演讲词。文章开宗明义提出了"敬业乐业"的主旨，接着分别谈论了"有业"、"敬业"和"乐业"三个问题，最后用"责任心"和"趣味"总结精神旨意。全文主旨鲜明，层次清晰，语言通俗，文短意长。

❷ 轴心强盗：即轴心国，指第二次世界大战中结成的法西斯国家联盟，领导者是纳粹德国、意大利和日本及与他们合作的一些国家和占领国。

职，从实际工作上加紧努力。我们中国受侵略之祸最久也最深，而奋起抵抗也以我们为最早。我国的女同胞们，早已负起当仁不让的责任。今天全世界的妇女，都在热烈庆祝自己的节日，庆祝的方式，或许各有不同，但我们的心愿是共同的，那就是说侵略暴力必须打倒，人类文明必须维持，而我们这一代的妇女，应该对于这一次反侵略的义战，有重大的贡献。自从今年元旦二十六国共同宣言发表以后，正义和暴力两大分野，已是画然鲜明。世界的改造正在开端，人类的历史正在重写。我们妇女当前的主题，不是向世界要求什么，而是将给予当前和未来的世界以什么。我们应该替全人类担负起一半以上的责任，我们确实要有这种的抱负和自信！我在这一次旅程中，更坚定了我所抱的信念，现在要简单地报告于各位。

因为我远游初归，我想各位一定乐意听我在印度的见闻，我要告诉各位的是，印度的妇女界实在具有高尚伟大的潜力，特别是刻苦坚忍的德性。我曾经出席全印度妇女协会，她们要我将她们对于战时中国妇女的关切和一片同情挚爱❶之心，携回来转达给各位女同胞。当我向她们报告中国的抗战经过和敌人的暴行，以及我们战时工作的时候；她们中间有好几位滴下热烈的眼泪来。不只是悲悯，而是一种共鸣的感应，不是消极的伤感，而是一种反抗黑暗暴力的义愤。这中间代表着人类高尚纯洁的至性；也可以说是天赋与我们妇女的良知。在印度我驻留的时间虽不长，可是我有机会接触到好几位杰出的女性，我遇见了奈杜夫人、班第脱夫人和那华士夫人，她们都有各

❶ 挚爱：指世间最真实和真诚的情感。

84

自的长处，值得我们景慕❶。奈杜夫人是有名的女诗人，文艺天才是不必说了，最难得的是她对于人生的真切理解和丰富的热情。我倾听着她的谈话，我只觉得她的心胸是人类热力无尽的源泉。班第脱夫人是全印度妇女协会会长，也是尼赫鲁先生的妹妹。她是有决断，有干才，明敏、大方，可以说世界上很难找到如此完美的女性。那华士夫人是豪爽、豁达、勇敢，我觉得我是遇见了一位英锐的女将军。她说她那旁遮普一省的女子，义侠、勇武，决不下于当地的男子。我只介绍这几位，各位就可以知道印度妇女的智慧、学问和修养的一斑。至于没有机会受教育的女子，当然还很多，但一般的说来，都有正直、勤劳、诚笃、坚定的品性。我可以负责说一句话：只要予以充分的机会，印度的女同胞一定有所作为，有所贡献于人类。我想各位听了一定感到很大的兴奋和鼓励。

　　我觉得目前最紧要的，是我们妇女界要发现自身的力量：并且善用我们的力量，如果把力量集中起来，一定发生很大的效能。所以我们的图结一致，是十分必要的。不独同一民族同一地域的妇女同胞，应该精诚无间地团结起来，而且全世界各国各民族的妇女，也应该声气相通，休戚与共，整个的团结起来，以尽到我们时代的责任。为救世固然应该如此，为自救也应该如此。大家试想如果我们此时不团结奋斗，把这个庄严美丽的世界，从侵略者的魔手中拯救出来，一旦竟让轴心暴力侥幸得志，在纳粹统治之下，我们妇女的命运还堪设想吗？如日本、如德国、如意大利，哪一国的女子不是高尚的品性被摧残，独立的

❶ 景慕：景仰；仰慕。

人格被压迫？而天赋优良的美德也都被矫揉造作❶，甚至被腐化、毒化。今天惟有打倒轴心强盗，才是我们求得妇女解放和自由的锁钥。反侵略的战争正在展开，我们的格言是："军事第一"！胜利第一"！我们妇女运动的本身，应该把战时服务放在第一位，这应该是天经地义没有疑问的事情。

我还有一层感想，要藉此劝告各位的，就是我们应该认识精神力量的伟大。我最近体会到人生奋斗的历程，其成败关键，系于体力和物质力量者，不过百分之三十，而系于精神力量者，要在百分之七十以上。任何男女，如果信心坚定，精神强健，志气充盈，虽然体力衰弱一点，也一定能够吃苦耐劳支持下去，甚至能够转弱为强。反之，如果精神不振，意志薄弱，就是体力十分强壮，也会经不起挫折，受不住艰危，而中途失败的。我们妇女同胞，一向是被公认为体力较弱的，实际上我们忍耐持久的强韧性和见义勇为的天性，确是高过于男子。所以我们从事战时服务和社会工作的女同胞，要特别发挥我们的精神力量，来激励前方的士气，振作一般社会的精神。今后的战斗局势，将愈剧烈，国家社会的一切环境，不免更趋于艰难，但是我们要自信，有我们继续不断地工作，战争一定胜利，国家和人类一定得救！今天是三月八日，再过四天便是我们精神总动员三周年纪念日。我们女同胞在这一点上，要尽力贡献国家。

总结一句话，当前的妇女运动，完全要从最切实的工作上面，望着我们高尚远大的理想做去！我们爱护人类，爱护我们的国家，更一刻不忘我们痛苦的女

❶ 矫揉造作：形容过分做作，极不自然。

同胞。但是我们一切工作，都要集中到克服战时艰难，争取最后胜利的一点。反侵略战争胜利了，我们整个人类和民族的自由有保障了，改造世界的伟业也就成功了，而我们妇女的地位，当然在这伟大的奋斗中提高起来。瞻望前途，真不胜其欣喜和感奋！我以一片至诚，祝祷我们女界同胞的努力和成功。

——《负起我们光荣的任务》❶

4. 以军人为对象

例如：

（一）勇之定义

军人之精神为智、仁、勇三者。既有智与仁矣，无勇以济之，仍未完备。兹述军人之勇，须先知勇之定义为何。古来之言勇者，不一其说：一往无前谓之勇，临事不避谓之勇。予以为最流通之用语，"不怕"二字，实即勇之定义最简括而最确切者。孔子有言："勇者不惧"❷，可见不惧即为勇之特征。孟施舍古之勇士，其言曰："舍岂能为必胜哉？能无惧而已矣！"由是以观，"不怕"即勇之定义，决无可疑。但军人之勇，须为有主义、有目的、有知识之勇则可；否则逞一时之意气，勇于私斗，而怯于公战，误用其勇，害乃滋甚。今再就勇之种类，分别而言之。

（二）勇之种类

勇之种类不一：有榛狉❸之勇，所谓"一朝之忿忘其身以及其亲"❹者是也；有血气之勇，所谓"思以一毫挫于人，若挞之于市朝"❺者是也；有无知之

❶ 作者为宋美龄，演讲发表时间大致为1942年春天蒋介石、宋美龄夫妇从印度访问归来。

❷ 勇者不惧：有胆量的人无所畏惧。出自《论语·子罕》。

❸ 榛狉：形容未开化。出自唐代柳宗元的《封建论》："彼其初与万物皆生，草木榛榛，鹿豕狉狉。"

❹ 出自《论语·颜渊》，意为：由于一时的气愤，就忘记了自身的安危，以至于牵连自己的亲人。

❺ 出自《孟子·公孙丑上》，意为：受了他人一点小委屈，就像在大庭广众之中被人鞭打了一般。

勇，所谓"奋螳臂以当车轮"❶者是也。凡此数者，皆谓小勇，而非大勇。而军人之勇，是在夫成仁、取义，为世界上之大勇。古人有言："遇小敌怯，遇大敌勇"❷，即恐轻用其勇，误用其勇，徒成为游勇之勇。

（三）军人之勇

甲　长技能

乙　明生死

军人之勇，第一必要者为技能。诸君皆曾受军事教育，于现今各国之新战术、新武器，自必耳熟能详，无庸赘述。但武器与战术固有关系者。以中国论昔用弓箭，而今用枪炮；武器不同，战术亦随之而异。自海禁既开之后，与英战，与法战，与日战，与联军战，未有不败者，非无枪炮，不谙战术故也。苟谙战术，则昔日安南中之黑旗，法国患之；南非洲杜国之农民，英国患之。彼之所用战术，皆为游勇战术，最能制胜。予亦主张此战术颇适用于中国。若于北方交战，尤为相宜。约言之，有五种技能为游勇战术中最可采取者：一曰命中，二曰隐伏，三曰耐劳，四曰走路，五曰吃粗。以下试再分别述之：

何谓能命中？军队之有无战斗力，以能杀敌与否为断，故命中为第一要件。我国游勇战术，视子弹如生命，非必中者不轻施放，而有五十颗子弹，便已十分满足。以现在军队论，每一兵士至少有二百颗以上子弹，何以一言北伐，犹以为少，岂命中之技，尚不及游勇耶？诸君须知子弹之接济与补充，有在后方

❶ 出自《庄子·人世间》，螳螂举起前肢企图阻挡车子前进。比喻做力量做不到的事情，必然失败。

❷ 光武帝刘秀之言，出自《后汉书》。

者，有在前方者。游勇之重视子弹，因其子弹止有此数，非遇敌人，则无补充之机会，故不在后方接济，而在取诸前方。若在无枪炮而用弓箭之时代，射箭比放枪更难，而古时有百步穿杨者，即在于能命中；否则临阵之际，最多随带三、四十支箭矢，若无命中能力，即不啻❶无的而发矢，止须数分钟间，矢尽而己亦就擒，又焉能战！枪炮亦然，不能命中，则子弹之消耗多，而杀敌之效力微。近时兵士往往轻于放枪，不问命中与否，放枪时甚有高抬两手或紧闭眼睛者，此何异于无的而发矢！须知子弹至为宝贵，宜学游勇战术视子弹如生命。但平时须练习射击，务求命中，不使虚发。此为军人之勇有恃无恐之第一要件也。

何为能隐伏？即避弹方法。但此种避弹，非如"义和图"之用符咒，乃系利用地形，为人身之屏蔽。予在安南时常以此询诸一般游勇，彼云："人立地上，靶子颇大，敌人一望即知，故须藉地形以为埋伏之所，或藏在石头以后，仅露其首，以使靶子缩小。敌人无标的可寻，我尚可从容窥探其举动。即在子弹如雨之际，尤宜深自闭藏，勿庸惊窜，因此时前后左右，必无敌人踪迹也"。游勇之所述者如此，彼盖得诸经验，而与操典中所谓利用地形或地物者，却相暗合（地形属于天然的，如石头是；地物属于人工的，如一切建筑物是）。故隐伏亦为技能之一。

何谓能耐劳？此与隐伏相关联者。我亦尝闻诸游勇。彼谓："隐伏秘诀，只是不动二字，至少能耐十三小时之劳，直至深夜，始可潜行。因子弹之速力异常快捷，人虽有追风之绝足，必不能过于子弹，走

❶ 不啻：通常的含义是不只，不止，不仅仅等意思。

避易为所中，不如耐心隐伏较为安全也"。此尚有实例可证：前黄克强在钦、廉起事时，有一次仅余四人逃在山上，敌人围攻者约六百人，然彼实不知仅有四人也。来攻时，皆用三十人为前锋，而如四人者，如何抵御，据其后所述，敌人未来时，则隐伏不动，俟彼来袭，近在五十步左右，始行开枪，每开一排，必死敌二、三人；连开三、四排，敌人之死者十余人，卒以脱险。此一役也，即全有命中、隐伏与耐劳之技能，否则以四人敌六百人，宁有幸事耶？

何谓能走路？现时中国尚未完全有铁道，行军之际，专恃走路。练习之法，只须日行二十里，十日以后每日递加五里，如此，则不觉劳顿而脚力自健。彼游勇战术，亦即以善走称。尚有实例可证：北军一到南方，每以山岭崎岖为苦；南军则如履平地，快捷异常，是为我之所长，彼之所短。故曰走路一端，亦为技能之必要，不可不注意也。

何谓能吃粗？游勇所恃之粮食，即此炒米一种。每人携带十斤，可支六七日，不至苦饥。遇有作战时，且无须费造饭时间。此亦为游勇之特长，胜于正式军队者。去年湖南援鄂之役，其始占据地方不少，卒因后路补充缺乏，乃至于败。粮食亦为补充之一，倘能如游勇之吃粗，则于行军极为简便，既免飞刍轹粟之苦，而给养不亦忠烦难也。

军人之勇，于技能以外，更有明生死之必要；不明生死，则不能发扬勇气。所谓勇，即不怕二字，然"暴虎冯河"❶，人之所能；独至于死，则未有不怕者。以欲生恶死，人之常情也。研究此问题，为哲学上问

❶ 暴虎冯河：比喻有勇无谋，鲁莽冒险。暴虎：空手搏虎；冯：同"凭"；冯河：过河不借助工具，即徒步涉水过河。出自《诗经·小雅·小旻》。

题，人生不过百年，百年而后，尚能生存否耶？无论如何，莫不有一死。死既终不可避，则当乘此时机，建设革命事业。若仅贪图俄顷之富贵，苟且偷活，于世何裨？故死有重于泰山，有轻于鸿毛者。死得其所则重，不得其所则轻。吾人生今日之世界，为革命世界，可谓生得其时，予我以建功成名之大好机会。夫汤、武革命，孔子且声称之。彼不过帝王革命，英雄革命；而我则为人民革命，平民革命，乃前不及见后不再来之神圣事业。先我而生者既不及见面，后我而生者亦必深自恨晚，且不知其若何羡慕。故今日之我，其生也，为革命而生我；其死也，为革命而死我。死得其所，未有善于此时者。诸君试观黄花冈烈士从容就义，杀身以成其仁。当日虽为革命而牺牲，至今浩气长存，极历史上之光荣，名且不朽；然犹曰：为革命失败而死也。若此次革命乃必成之功业，又何惮而不为！又何死之可怕！今日集此一堂者，大半皆在二十岁以下，至多更有八十年之寿命，终不免一死。死于牖下，与死于疆场，孰为荣誉，是在明生死之辨，如孟子所谓："所欲有甚于生者，舍生而取义也"。❶ 故为革命而死者，为成仁，为取义。非若庸庸碌碌之辈终日醉生梦死，无所表见；又非若匹夫、匹妇之为谅，自经于沟渎而莫之知也。诸君既为军人，不宜畏死，畏死则勿为军人。须知军人之为国家效死，死重于泰山。我死则国生，我生则国死。生死之间，在乎自择。明生死，则能鼓于勇气，以从事于革命事业，为革命军人；革命成功，可立而待，将

❶ 出自《孟子·告子上》"生亦我所欲也，义亦我所欲也；二者不可得兼，舍生而取义者也。生亦我所欲，所欲有甚于生者，故不为苟得也。"意为生命是我想拥有的，正义也是我想拥有的；如果不能两样都拥有，我就舍弃生命而坚持正义。生命是我想拥有的，但是还有比生命更使我想拥有的，所以我不愿意苟且偷生。

91

来之幸福，且无穷极。以吾人数十年必死之生命，立国家亿万年不死之根基，其价值之重可知。诸君幸共勉之！

——《勇》

5. 以国民为对象

例如：

　　此次抗战，开始迄今，我前线将士伤亡总数，已达三十万以上，人民生命财产之损失，更不可数计，牺牲之重，实为中国有史以来，抵御外侮之所罕觏❶！中正身为统帅，使国家人民蒙此巨大牺牲，责任所在，无可旁贷；衷心痛苦，实十百倍于已死之将士与民众，一息尚存，惟有捐糜顶踵❷，期以贯彻抗战到底之主旨，求得国家民族最后之胜利，以报党国，以慰同胞。

　　敌人侵略中国，本有两途：一曰鲸吞，一曰蚕食。今者逞其暴力，陷我南京，继此必益张凶焰，遂行其整个征服中国之野心，对于中国为鲸吞而非蚕食，已有事实证明。

　　就中国本身论之，则所畏不在鲸吞而在蚕食，诚以鲸吞之祸，显而易见；蚕食之祸，缓而难察。敌苟持慢性之蚕食政策以亡我，浸润侵蚀于不知不觉之间，则难保不存因循苟且之心，懈其敌忾同仇之义，驯至被其次第宰割而后已；今则大祸当前，不容反顾，故为抗战全局策最后之胜败，今日形势无宁谓于我为有利。

　　且中国持久抗战，其最后决胜之中心，不但不在南京，抑且不在各大都市。而实寄于全国之乡村，与

❶ 罕觏：难以相见。

❷ 捐糜顶踵：指捐躯，牺牲。出自清代林则徐《请戴罪赴浙图剿片》。

广大强固之民心。我全国同胞，诚能晓然于敌人之鲸吞，无可幸免。父告其子，兄勉其弟，人人敌忾，步步设防，则四千万方里国土以内，到处皆可造成有形无形之坚强壁垒，以制敌之死命。故我全国同胞，在今日形势之下，不能徒顾一时之胜负，而当彻底认识抗战到底之意义，与坚决抱定最后胜利之信心。兹为我同胞约举其要义如下：

一、此次抗战，为国民革命过程中必经之途径。中国欲外求独立，内求生存，解放全民族之束缚，完成新国家之建设，终不能不经此艰难奋斗之一役。故对日抗战，乃三民主义与强权暴力帝国主义之战争，亦即被侵略民族对侵略者争取独立生存之战争，与通常国际间势均力敌之国家，相互战争，大异其趣。故抗战之始，非不知我之武器军备一切物质力量，远不如人，而我革命之精神，终不当以此为之屈挠。稽之各国史例，凡革命建国之大业，本非旦夕所可期，所经之险阻愈多，则所获之胜利亦愈大，惟赖我革命精神无所屈挠，再接再厉，愈挫愈奋，则障碍摧毁之日，即最后胜利之时。敌人此次侵略中国，其最大目的，固不仅欲占我土地，屠我人民，灭我文化，而尤在消灭我三民主义与革命之精神。使我革命精神一日不灭，即我国家民族亦一日不亡。

且今日所遭之挫折，尚未达到艰危之极度，若遂自甘退屈，则精神一弛，国随以亡，奴隶牛马之辱，有十百于今日战争之苦痛不止者！全国同胞须知任何国家，欲解除压迫，完成革命，决非少量代价所可希冀❶，此日多忍痛一分，将来成功亦增多一分。吾人

❶ 希冀：希望。

为国家民族世世子孙计，牺牲虽巨，无可避亦无可辞，所谓当彻底认识抗战到底之意义者此也。

二、既明革命过程中之中国，当以抗战到底为本务，到目前形势，无论如何转变，惟有向前迈进，万无中途屈服之理。盖抗战虽不能必胜，而屈服即自促灭亡，固无宁抗战而败，战败终有转败为胜之时，灭亡永无复兴之望，国家独立之人格一隳，敌人宰割之方法愈酷，万劫不复，即永陷于沉沦。

况战争成败之关键，常系于主动被动成分之多寡，此次抗战，绵亘五月，敌最初之企图，实欲不战而屈我，我方所以待敌者，始终为战而不屈。不屈则敌之目的终不能达，敌愈深入将愈陷于被动之地位，敌如必欲尽占我四千万方里之土地，宰割我四万万之人民，所需兵力，当为几何？诚使我全国同胞不屈不挠，前仆后继，随时随地，皆能发动坚强之抵抗力，敌之武力，终有穷时，最后胜利必属于我，所谓当坚决抱定抗战必胜之信心者此也。

三、日本侵略中国，实为其侵略世界之开始。中国自抗战之初，揭橥❶二义，为民族生存独立而战，同时为国际和平正义而战，数月以来，虽国际之制裁，尚未充分发挥，而公理之是非，固已大白于天下。吾人对于此种伟大使命，现已毅然承当，则不问国际形势前途如何，必当尽其在我，初不必遽形失望，尤不可稍存依赖。但使世界正义终不灭亡，则吾人目的必有达到之一日。任重道远，不容少懈，此尤全国同胞所宜深念者也。

❶ 揭橥：揭示，显示；标志。

94

中正受命党国，有进无退。当此存亡呼吸之际，愿吾同胞共勉之！

——《告全国国民书》❶

第三节 结构

说明定义的七种方式

一篇完整的说明文，是一群单语的定义的集合，所以要明白说明文的结构，非先明白这些单语定义不可。单语的定义共有七种方式，为：类名、原始、特色、分类、例证、对称及类似。

1.类名

这是拿被说明的事物所属的类别来下的定义。例如：

六经皆史也。

——《文史通义》❷

科学是寻出事物关系的学问。

——《科学的头脑》

夫钓，适事也。

——《说钓》

❶《告全国国民书》：937年12月16日，也就是在南京失陷三天后，时任国民政府主席的蒋介石在江西庐山，通过国民党《中央日报》和中央广播电台，发表了《放弃南京告全国国民书》。

❷《文史通义》：清代著名学者章学诚的一部史学理论著作，与刘知几的《史通》一直被视作中国古代史学理论的双璧。

学问是精神的食粮，它使我们的精神生活更加丰富。

　　　　　　　　　　　　——《谈学问》

读书是过去知识学问经验的记录。

　　　　　　　　　　　　——《为什么读书》

2. 原始

这是用语词的起源❶，或历史上的变迁来证明本语词的定义。例如：

相传越王勾践尝以金铸范蠡之象，是为我国铸造肖像之始。

　　　　　　　　　　　　——《雕刻》

中国语中"学"与"问"连在一起说，意义至为深妙，比西文中相当的译词如 Loarning, Study Science 诸字都好得多。

　　　　　　　　　　　　——《谈学问》

吾国自孔子立教以来，是主张用"礼"以节制吾人外面行动，用"乐"以陶冶吾人内部心灵。

　　　　　　　　　　　　——《音乐与人生》

古来之言勇者，不一其说：一往无前谓之勇，临事不避谓之勇。予以为最流通之用语，实即勇之定义最简括而最确切者。

　　　　　　　　　　　　——《勇》

古时文士于礼、乐、书、数之外，尚须学习射、

❶ 起源：原书写作"起原"。

御，未尝不寓武于文。

——《怎样才配称做现代学生》

3. 特色

这是把与同种类中的他种事物的不同所在来作定义。例如：

独立者何？不倚赖他人，而常昂然❶独往独来于世界者也。

——《群立与合群》

学与问相连，所以学问不只是记忆而必是思想，不只是因袭❷而必是创造。

——《谈读书》

群者，所以谋各人公共之利益也。

——《合己为群》

深信你自己，充实你自己，不要自馁，不要偷懒。抱有希望的青年，不怕工作的青年，才是向前迈进的青年，才是生机畅满的青年。

——《青年生活》

古来帝王的宫殿，必极富丽堂皇，使臣民瞻望九重城阙❸，自然心生惶恐。

——《美术与人生》

4. 分类

这是把要说明的事物分门别类以代定义。例如：

❶ 昂然：仰头挺胸、无所畏惧的样子。

❷ 因袭：沿袭；前后相承。

❸ 城阙：城门两边的望楼；宫殿。

顾信亦有别：曰理信，曰迷信。

——《理信与迷信》

勇之种类不一：有榛狃之勇，所谓"一朝之忿忘其身以及其亲"者是也；有血气之勇，所谓"思以一毫挫于人，若挞之于市朝"者是也；有无知之勇，所谓"奋螳臂以当车轮"者是也。

——《勇》

故真自由之国民，其常要服从之点凡三：一曰服从公理；二曰服从本群所自定之法律；三曰服从多数之决议。

——《制裁与自由》

读书有两个要素：第一要精；第二要博。

——《读书》

个人生活的对象，不外四种（甲）对人，（乙）对事，（丙）对物，（丁）对己。

——《新生活运动与礼义廉耻》

5. 例证

这是引实例来代所说明的事物的定义。例如：

大凡物不得其平则鸣：草木之无声，风挠之鸣；水之无声，风荡之鸣；其跃也，或激之；其趋也，或梗之；其沸也，或炙之；金石之无声，或击之鸣。

——《送孟东野序》❶

形状和色彩有一种奇妙的力，能在默默之中支配

❶《送孟东野序》是唐代文学家韩愈为孟郊去江南就任溧阳县尉而作的一篇赠序。全文主要针对孟郊"善鸣"而终生困顿的遭遇进行论述，作者表面上说这是由天意决定的，实则是一种含蓄的表达，是指斥当时的社会和统治者不重视人才，而不是在宣扬迷信。

大众的心。例如春花的美能使人心兴奋，秋日的美能使人心沉静；人在晴天格外高兴，在阴天就大家懒洋洋的。

——《美术与人生》

自由，美德也。若思想、若身体、若言论、若居处、若职业、若集会、无不有一自由之程度。若受外界之压迫而不及其度，则尽力以争之，虽流血亦所不顾，所谓"不自由毋宁死"是也。

——《自由与放纵》

在这二十世纪的时代做人，总得要做个"快人"才行。譬如赛跑或游泳一样，快的在前，不快的便要落后，这是无可避免的结果。

——《怎样才配称做现代学生》

所谓"辩士的舌锋"，"三寸不烂之舌"等赞词，正是"物稀为贵"的证据，文人们讲究"吐属"，也是同样的道理。

——《说话》

6. 对称

这是拿同一类中相反对的事物来对照以代定义，例如：

屋之非舟，犹舟之非屋也。

——《烟艇记》❶

制裁云者，自由之对待也。

——《制裁与自由》

❶《烟艇记》：作者是南宋著名的爱国诗人陆游。陆游当时因被秦桧黜落打击，既不能大展宏图报效国家，又不能随心所欲归隐江湖，于是写下了这篇《烟艇记》，表达了他内心向往的隐逸情趣，以及因怀才不遇而无奈的感叹。

99

放纵者，自由之敌也。

——《自由与放纵》

青年的生活，既不能如杨枝、芳草的无力，也不能如蜂、蚕的为人作嫁。

——《青年生活》

假若革命不能成功，中国便要亡，四万万人便要灭种。国亡种灭，都是诸君自身的利害，这是不能不挽救的。要救这种危亡，只有革命军。

——《革命的基础在高深学问》

7. 类似

这是拿其他意义相似的事物来反证它的定义。例如：

美国放奴运动，不是黑奴要解放自己，乃是一部分有博爱心的白人要解放他们。

——《人权与女权》

吾尝试求科第官禄于时矣，与吾之此钓，有以异乎哉？其始之就试有司也，是望而往，蹲而视焉者也。其数试而不遇也，是久未得鱼者也。其幸而获于学官乡举也，是得鱼之**①**小者也。若其进于礼部，吏于天官，是得鱼之大；吾方数数钓，而又未能有之者也。

——《说钓》

君子之过，值人事之变而无以自解免者，十之七；观理而不审者十之三。众人之过，无心而蹈之者

十之三，自知不能胜其欲者十之七。故君子之过，诚
谓过也，盖仁义之过中者尔。众人之过，非所谓过
也，其恶之小焉者耳。

——《原过》❶

书籍中的知识，譬如武士的楯甲，一个强有力的武
士，运用沉重的楯甲，可以自卫，可以攻战，一个能力
薄弱的人担负了一身沉重的楯甲，反而不能行动了。

——《读书与自动的研究》

饥而食，渴而饮，倦而眠，卫生之自由也。然使
饮食不节，兴寐无常，养成不良之习惯，则因放纵而
转有害于卫生矣。

——《自由与放纵》

方式的排列次序

七种方式的排列次序，实际上没有一定标准，但
也可以分为单纯的和递进的两种。

1. 单纯法

这是依据自然程度排列的方法，从第一式——类
名起，到末一式——类似止，或把末一式移在开头，
然后再从第一式按次说下去。例如：

类名　琴为雅乐之一
原始　相传创自虞舜。
特色　其声幽静，为雅人所喜。

❶《原过》：作者为清代
散文家方苞。此篇撰
写年代不详，约在作
者中岁经历《南山集》
案以后所写，因为文
中所言，非阅历之深，
感慨良多者不能言。
全篇原"过"，却不就
"过"论"过"，而从
"君子之过"与"众人
之过"的"犯过"心
理入手，别开生面，
令人耳目一新。

101

分类　有五弦，七弦之分：

例证　舜所作为五弦，周时始增为七弦。

对称　古琴与胡琴雅俗不同，

类似　即与古瑟亦异其制也。

这篇文章可以叫做琴说，全文不过六十多字，但方式全备，却是一篇结构最完密的说明文。

2. 递进法

这是先由主要说到次要，或由根干说到枝叶，不一定全依自然顺序排列的方法。例如：

建筑者集众材而成者也。（原始）凡材品质之精粗，形式之曲直，皆有影响于吾人之感情。及其集多数之材，而成为有机体之组织，则尤有以代表一种之人生观；面容体气韵，与吾人息息相通焉。（特色）

吾国建筑之中，具美术性质者，略有七种：（分类）一曰宫殿。古代帝王之居处与陵寝，及其他佛寺、道观等是也。（例证）率皆四阿而重檐，上有飞甍，下有崇阶、朱门、碧瓦，所以表尊严富丽之观者也。（特色）二曰别墅。萧斋、邃馆、曲榭、回廊，间之以亭台，映之以泉石。（分类）宁朴毋华，导疏毋密，大抵极清幽潇洒之致焉。（特色）三曰桥。叠石为穹窿式，（特色）与罗马建筑相类。（类似）惟罗马人广行此式，而我国则自桥以外罕用之。（对称）四曰城。叠砖石为之，（原始）环以雉堞❶，隆以谯门❷，（特色）所以环卫都邑也。（原始）而坚整之概

❶ 雉堞：古代城墙上掩护守城人用的矮墙，也泛指城墙。

❷ 谯门：建有瞭望楼的城门。

有可观者，（特色）以万里长城为最著。（例证）五曰
华表。树于陵墓之前，间用六面形，而圆者特多，冠
以柱头，承以文础，（特色）颇以希腊祠之列柱，（类
似）而两相对立，（特色）则又若埃及之方尖塔然。
（类似）六曰坊。所以旌表名誉。（原始）树于康衢或
陵墓之前，（特色）颇似欧洲之凯旋门；（类似）惟彼
用穹形，而我用平构，（对称）斯其异点也。七曰塔。
本诸印度，（原始）而参以我国固有之风味，（特色）
有七级、十三级之别。（分类）恒附于佛寺，与欧洲
教堂之塔：（类似）惟常于佛寺之外，呈独立之观，
（特色）与彼方之组入会堂结构者不同。（对称）

　　要之，我国建筑既不如埃及式之阔大，亦不类峨
特式之高耸。（对称）而秩序谨严，配置精巧，为吾
族数千年来守礼法、尚实际之精神所表示焉。（特色）

　　　　　　　　　　　　　　　　——《建筑》❶

　　这是一篇很复杂的说明文，分类中更有分类，例
证中复有原始，又有特色，又有对称，就是用递进法
写成的。

方式的省略方法

　　说明文本是为了解释某项事物而写的，为了要真
确明晰，所以最好备具前述各种的方式。但是碰到某
部分❷不说也已非常明了，或只需要知道大概的时候，
那也可以把它略去。略去的方法有两种：

❶ 本文选自《华工学校
讲义》，作者为蔡元
培。1916 年 4 月，　作
者在法国编辑给华工
学校教师的师资培训
教材，共四十篇，由
作者亲自讲授。

❷ 部分：原书写作"部份"。

1.普通省略法

容易明了的事物，或只要使人知道一个大概的，尽可只说大概。例如：

> 自由，法律名词。（类名）凭己意行动，不受非法拘束之谓；（特色）如人民在法律范围内，有居住、言论、集会、结社、信教等自由是。（例证）
> ——《辞海》❶

这是最普通的省略法。至如：

> 自由，美德也。（类名）若思想、若身体、若言论、若居处、若职业、若集会，无不有一自由之程度。（分类）若受外界之压迫而不及其度，则尽力以争之，虽流血亦所不顾；所谓"不自由毋宁死"是也。（例证）然若过于其度而有愧于己，有害于人，则不复为自由，而谓之放纵。（类似）放纵者，自由之敌也。（对称）

> 人之思想不缚于宗教，不牵于俗尚，而一以良好为准，此真自由也。（特色）若偶有恶劣之思想，为良心所不许，而我故纵容之，使积渐扩张，而势力遂驾于良心之上，则放纵之思想而已。（对称）

> 饥而食，渴而饮，倦而眠，卫生之自由也。（例证）然使饮食不节，兴寐无常，养成不良之习惯，则因放纵而转有害于卫生矣。（类似）

> 喜而歌，悲而哭，感情之自由也，（例证）然而"里有殡不巷歌"，"寡妇不夜哭"，不敢放纵也。

❶《辞海》：中国最大的综合性辞典。《辞海》是以字带词，兼有字典、语文词典和百科词典功能的大型综合性辞典。"辞海"二字源于陕西汉中著名的汉代石崖摩刻《石门颂》。

（类似）

　　言论可以自由也，而或乃讦发阴私，指挥淫盗；居处可以自由也，而或于其间为危险之制造，作长夜之喧嚣；职业可以自由也，而或乃造作伪品，贩卖毒物；集会可以自由也，而或以流布迷信，恣行奸邪：（类似）诸如此类，皆逞一方面极端之自由，而不以他人之自由为界，皆放纵之咎也。（对称）

　　昔法国之大革命，争自由也，吾人所崇拜也；（例证）然其时如罗伯士比及但丁之流，以过度之激烈，恣杀贵族，酿成恐怖时代，则由放纵而流于残忍矣。（类似）近者英国妇女之争选举权，亦争自由也，吾人所不敢菲薄也；（例证）然其胁迫政府之策，至于烧毁邮件，破坏美术品，则由放纵而流于粗暴矣。（类似）夫以自由之美德，而一涉放纵，则且流于粗暴或残忍之行为而不觉，（对称）可不慎欤！

　　　　　　　　　　——《自由与放纵》❶

　　这篇文章虽也不能称十分的长，但比了前文要详细绵密得多，所以不能称为省略法了。

　　2. 譬喻省略法

　　也有事物的自身并不容易明了，乃利用读者已知的容易明了的别的事物来作譬喻，而省略去譬喻的部分的，这叫做譬喻省略法。例如：

　　临江之人，畋❷得麋麑❸，畜❹之。群犬垂涎❺，扬尾皆来，其人怒怛❻之。自是日抱就犬，习示之❼，

❶ 作者为蔡元培，这一篇是从《德育与智育讲义》选录出来的。

❷ 畋（tián）：打猎。

❸ 麋（mí）麑（ní）：麋鹿。麋：一种小型鹿类。这里"麋"、"麑"同义。

❹ 畜（xù）：饲养。

❺ 垂涎：流口水。

❻ 怛（dá）：惊吓，呵斥。

❼ 习示之：让狗看熟了。之：代词，指群犬。

❶ 良：的确。

❷ 抵触偃（yǎn）仆：碰撞翻滚。抵触：相互亲近地碰撞。偃仆：放倒。

❸ 狎：态度亲近而不庄重。

❹ 俯仰：周旋，应付。

❺ 然：表转折。时：经常，常常。啖其舌：舔它自己的舌头（想吃麋鹿）。啖：吃，这里的意思是"舔"。其：自己的。

❻ 狼藉：散乱（这里指尸体散乱不整）。

❼ 本文作者为柳宗元，《临江之麋》是《三戒》中的第一篇，是柳宗元谪居永州时所写。《三戒》借麋、驴、鼠三种动物的可悲结局，讽刺了社会上的三种人。按作者在"序"中所说，"临江之麋"所讽刺的是"依势以干非其类"，就是倚仗他人势力求得与对方要好的那种人。

使勿动，稍使与之戏，积久，犬皆如人意。麋稍大，忘己之麋也，以为犬良❶我友，抵触偃仆❷，益狎❸；犬畏主人，与之俯仰❹，甚善，然时啖其舌❺。三年，麋出门外，见外犬在道甚众，走欲与为戏，外犬见而喜且怒，共杀食之，狼藉❻道上。麋至死不悟！

——《临江之麋》❼

这篇文章全用譬喻来作说明，因作者在另外一段总序内已说明譬喻的用意，所以另外不再作说明，这是最省略的譬喻省略法。

习题二

1.什么叫说明文？

2.说明文有什么功用？

3.科学的说明文与说理的说明文如何区别？

4.何谓单纯的说明文与复杂的说明文？

5.说明文与记叙文的分别拿什么做标准？

6.试拟直述式与疑问式的题目各若干。

7.说明文为什么要偏重客观？又须真确？

8.试从本书所引某篇说明文中指出各种材料的来源。

9.试以工人为对象，作说明文一篇。

10.试从本书所引某篇说明文指出它所用各种定义的方式。

11.试照七种方式的顺序做成短文一篇，题目可从下列诸题中任择其一：

说北平❶

说房屋

说电之功用

12.试用譬喻省略法作文一篇。（题目自拟）

❶ 北平：北京旧称。

第三章　抒情文

第一节　性质

什么是抒情文

望文生义❶，就知道抒情文是抒发情感的文章。所谓情感，有的是作者直抒自己的，有的是用主观法表现别人的；前者以作者自己为主体，后者由作者代别人为主体。例如：

（一）

去年秋天，楫自海外归来，住了一个多月又走了。他从上海十月三十日来信说："今天下午到母亲

❶ 望文生义：指不去深入了解，从字面牵强附会，做出片面的解释。

墓上去了，下着大雨，可是一到墓上，阳光立刻出来。母亲有灵！我照了六张相片，照完相，雨又下起来了。姊姊！上次离国时，母亲在床上送我，不想现在是这样的了！……"

我的最小偏怜的海上漂泊❶的弟弟！我这篇"南归"早就在我心头在我笔尖上；只因为要瞒着你，怕你在海外孤身独自无人劝解时，得到这震惊的消息，读到这一切刺心刺骨的经过，我挽住了如澜的狂泪，直待到你归来，又从我怀中走去。在你重过漂泊的生活之先，第一次参拜了慈亲的坟墓之后，我才来动笔！你心下一切都已雪亮了。大家颤慄相顾，都已做了无母之儿。海枯石烂，世界上慈怜温柔的恩福，是没有我们的份了！我纵然尽写出这深悲极痛的往事，我还能在你们心中，加上多少痛楚？我还能在你们心中，加上多少痛楚！

现在我不妨解开血肉模糊的结束，重理我心上的创痕，把心血呕尽，眼泪倾尽，和你们恣情开怀地一恸，然后大家饮泣收泪，奔向母亲要我们奔向的艰苦的前途！

我依据着回忆所及，并参阅藻的日记，和我们的通信，将最鲜明、最灵活、最酸楚的几页一直写记了下来。我的握笔的手，我的笔儿怎想到有这样运用的一天！怎想到有这样运用的一天！

——《南归序引》❷

❶ 漂泊：原书写作"飘泊"。

❷ 本文选自冰心散文《南归》，《南归》是一篇叙事散文，描写失去母亲的痛苦，母爱情深跃然纸上，感情真挚、呈现出的是一颗真诚悲恻的女儿之心。

（二）

温和慈爱的灯光，照在伊丰满浑圆的脸上；伊的灵活有光的眼，直注在小孩——伊右手围住他的小腿，左手指抚摸他柔软的头发——的全身，自顶至踵，无不周遍；伊的心神渗透了他全身了。他有柔滑如脂的皮肤，嫩藕似的臂腕，肥美鲜红的双颐，澄清晶莹的眼睛，微低的鼻，小小的口；他刚才满两岁。伊抱他在怀里，就抱住了全世界，认识了全生命了。

他经伊抚摸头发，回头看着伊，他脸上显呈出来的意象，仿佛一朵将开的花。他就回转身来，跪在伊怀里，举起两只小手，捧着伊丰满的面庞，还将自己的面庞凑上去偎贴着，叫道："妈！"小手不住地在伊脸上轻轻地摩着、拍着。这是何等的爱，何等的自然，何等的无思虑，何等的妙美难言！

钟摆的声音格外清脆，发出一种均匀的调子，给人家一个记号，指示那生命经历"真时"，不绝地在那里变化长进。伊和他正是这个记号所要指示的，他们的生命，他们的爱，他们爱的生命，正在那里绵延地迅速地进化哩。

他的小眼睛忽然被桌上一个镇纸❶的玻璃球吸住了，他的面庞便离开了伊的面庞，重又回转身去，取球在手里。"红的……花！白的……花！"他指着球里嵌着的花纹，相着伊，又相着花纹，全神灌注的，十分喜悦地告诉伊。他的小灵魂真个开了花了！

"你喜欢这花呀。"伊很真诚地吻他的肩，紧紧地依贴着不动。

❶ 镇纸：用铜铁、玉石等制成，用以镇压纸张或书籍的一种文房用具。

他将球旋转着；他小眼睛里的花，刻刻有个新的姿态；他的小口开了，嘻嘻地笑个不住。伊仍旧伏着看他，仍旧不动。

"天上……红的……云，白的……云，红的……星，白的……星！"他说着，一臂直伸，指着窗前，身体望侧倾斜，"妈！那边去。"伊就站了起来，抱到他窗前。一天的月光，正和大地接吻；温和到极点，慈爱到极点，不可言说。

"天上有亮么？"伊发柔和绵美的声音问。

"那边，亮！一个……星！两个……星！四个星！六个星！十一个星！两个星……"

一只恋月的一鸟，展开双翅，在空碧的海里浮着；离开月儿远了，又折转来浮近去，充量呼吸那大自然的恩惠❶。

那小鸟又印入了他澄清晶莹的小眼睛里了。他格外地兴奋，举起他握球的小手，"一个……蜻蜓！……来！……捉它！"就将球掷去。那球抛起不到五寸就下坠，打着在伊左眼的上角，从伊的臂上滚到地上。

伊受了剧烈的激刺了，有几秒钟工夫，伊全不感觉什么。后来才感痛，不可忍的痛！伊的眼睛张不开了，但能见无量数的金星在前面飞舞。眼泪汩汩地涌出来，两颊都湿了；伊的面庞伏在他的小胸口，仰不起来。

这个时候，他脸面的肌肉都紧张起来；转动灵活的小眼睛竟呆了，端相着伊，表显一种恐惧、怅惘、

❶ 恩惠：他人给予的或给予他人的好处。

111

可惜的神情，——因为他听见玻璃球着额发出的沉重的声音，——仿佛他震落的小灵魂在那里说道："这怎样！没有这回事罢！"

伊痛得不堪，泪珠伴着痛滴个不休；面庞还是伏在他的小胸口。他慢慢地将小手扳起伊的面庞，伊虽仍旧是痛，却不忍不随着小手的力仰起来。

伊的面庞变了；左眼的上角高起了一大块，红而近紫，眼泪满面，照着月光，有反射的光。伊究竟忍不住这个痛，不知不觉举起左手，按那高起的一块。

他看了，上下唇紧合并为一线，向两边延长；动了几动，终于忍不住，大张他的小口，哑的哭出来。红苹果似的两颊，被他澄清晶莹的泉源里的水洗得通湿。

伊赶忙吻他的额，脸上现出美丽的，感动的，心底的笑，——和月一样的笑。这时候，伊的感觉一定在痛以上了。……

——《伊和他》❶

这两篇文章，前者系作者直抒自己的情感，故以作者自己为主体；后者系用主观的表现她和他的情感，所以是由作者代别人为主体。

抒情文的种类

抒情文以抒发情感为主，但情感是件抽象的东西，不能单独地把它表现出来，非寄托在一种意思里，或

❶ 本文作者为叶圣陶，《伊和他》是一幅惟妙惟肖的母子亲情图。皎洁的月光下，儿子在年轻母亲怀中戏耍。不料孩子手中玻璃球击中了母亲的脸颊，顿时，疼痛、泪水、啼哭、微笑、亲吻、爱抚，在母子间齐发并作。作品显示了一种理想的人生境界——爱，美，光明。

一个事迹里，便无从完成它的使命。因此抒情文可以分为两种，就是托意的抒情文和托事的抒情文。前者除去抒情成分，即为议论文；后者除去抒情成分，即为记叙文，所以在有的讲文体或作文法的书上，都不把它独立叙述的。

1.托意的抒情文

这是把情感寄托在一个意思里的文章。例如：

粹刚：

为了抵御外侮，为了捍卫国家，你竟在××壮烈地牺牲了，你已离开了我，以后我们固然不能再相处一起，但是我相信，你的灵魂仍和我相亲相近，粹刚！当兹国难正殷，国家需人之际，你竟撒手长逝，这不仅是我个人的不幸，亦是国家的大不幸、大损失！在我丧失了挚爱的丈夫，在国家损失了一个前线的战士——一个英杰。粹刚！你的光荣，也正是我的哀荣！

回忆"九一八"前夜，你抱着满腔热忱❶，决心南下，投入中央军校。继以国家提倡航空，巩固国防，乃感空军在现代战争中地位之重要，遂毅然转入航校。以六年来不断的努力，虽不能说登峰造极，但依此次作战的成绩而言，已可以上慰领袖之垂训❷，下副民众之热望。你不但有坚苦卓绝、百折不回、苦干硬干的精神，亦有正确冷静的头脑和缜密精细的心意。你见强邻之侵我无已，常说："国家兴亡，匹夫

❶ 热忱：热心，热诚；热诚的或富有同情心的状态。

❷ 垂训：垂示教训。

113

① 标榜：宣扬，称道，吹嘘，多为贬义。此处为榜样的意思，为褒义。

有责，当今国家多事之秋，正男儿效命疆场之时，因此益当奋发。"并常以德国红武士厉秋芬自励，你说："假使一旦作战的话，我决不放弃任何敌机，我得以厉秋芬为标榜①，打下大量数目来！""七七芦沟桥事变，形势之严重，不比平常，准定会引起中日战争。日人无节制地侵扰，我们此次是会起而长期抗战的，政府培育我多年，今日方有机会为祖国报效，虽说初试锋芒，可是希麟，我非替祖国争口气不可！"我平日常讲，希望你将来成为一个空中霸王，所以说："此番敌我真会冲突的话，希望你能以你的毅力、果敢以及熟练的技术，征服一切，做一个空中权霸者，中国的厉秋芬！""那当然，我至少得打下一百多架，予敌人一个重大打击，并用我的铁和血，去炸毁扶桑三岛，把富士山踏为平地！"

粹刚啊！彼时我们热烈激切的情绪，确实是太兴奋了，你并屡屡地对我说："希麟，假使他日战争爆发，我如果残废了的话，一定会自杀的。自杀实在比不死不活干脆得多了！希麟，尤其是不能够动，拖累你，两人均觉痛苦，还不如一手枪把自己打死，倒痛快得多！"粹刚！你固是爱我，替我着想，可是你沉痛的声调，深深地刺伤着我。我曾讲过："这成什么话！假使你一旦受伤残废了，我可以好好地看护你，还可回到教育界去服务，虽说几十元一月，两人刻苦点也够维持日常生活了，物质上虽不能享乐，精神上不是很愉快的吗？"唉！粹刚！命运是注定的，我最低的希望都不容达到，我们的期望只不过是昙花一现，旧日的兴奋，都变了今后悲壮的回忆！刚，在你固是求仁得仁，已尽了军人天职，可是——我，正日月茫茫，又不知若何度此年华！

粹刚！你平日常说："将来年老退休后，决以余力办学。"如今你已尽了最后心力，远大的志愿虽未能实现，可是你已有不朽的功绩、不可磨灭的记录，你泉下有知，也可稍以自慰。至于你未了之事、未竟之志，可以由我完成，我决竟你遗志，先从基本教育着手，拿你英武不屈的精神，灌输于未来的青年，使你的精神可发扬光大，我也可藉此以报效祖国。粹刚！我自此不苟且偷生，也不再轻生，我虽无学识能力，我可以我的坚心定力，克服一切，补救一切。我定为你做一番事业，使每个人心中永恒的有了你，则我亦有荣光矣！谚云："精诚到处，金石为开。"凭我的一秉挚诚，我想决无办不通之事。况且你的长官朋友都很器重你，"爱屋及乌"❶，一定能予我以十分同情与莫大帮助。再说，粹刚！你虽不能踏遍三岛，亲手将我国国旗，飘扬于东京上空，你的同志决能担负起此种大任，敌人蹂躏下的失地，也必有收复的一天，倭寇虽是猖獗，覆巢之日亦将不远，这些都不过是时间的迟早而已。至于堂上严亲，你虽不能承欢膝下，以尽人子之道，粹刚！我定可替你晨昏侍奉，克尽子妇之责；已故慈母之前，我亦会四时祭扫。粹刚！你泉下有知，也稍可自安。粹刚！所谓死有重于泰山，有轻于鸿毛，你为祖国生存而奋斗，为中华民族之复兴而战争，最后以至于牺牲成仁，你已死得其所了，我应当为你欢欣。可是，每当见到你朋友同事们，他们的鹣鹣鲽鲽❷、融融乐乐，往往唤起了我的

❶ 爱屋及乌：爱上一个人而连带爱其屋上的乌鸦。比喻喜爱一个人而连带地喜爱和他有关的人和物。

❷ 鹣鹣鲽鲽：比喻夫妻相亲相爱。鹣，传说中的比翼鸟。鲽，比目鱼。出自《尔雅·释地》。

回忆；过去的依恋，如今的茕独，海角天涯，叫我从何处觅你？感今怀旧，能不涕泪滂沱，呜咽悲泣！然而一想到消灭在人世间的不过是一个躯壳，整个的宇宙是充满了你的灵感，你的精神已卓然不朽，我们形迹虽远，而我们的精神已永结不解，想到这些，我应当解颜，并堪自慰。粹刚！理智是胜于一切的，我今后决用理智来支配种种，让我的情感深深地埋葬了吧！粹刚！话有说完的时候，而我们的情感永远是无穷尽的。我的刚！再谈。祝你安息！希麟于灯下。

——《念粹刚❶》

2. 托事的抒情文

这是把情感寄托在一个事迹里的文章。例如：

吾母姓钟氏，名令嘉，字守箴，出南昌名族，行九。幼与诸兄从先祖滋生公读书。十八归先府君。时府君年四十余；任侠好客，乐施与，散数千金，囊箧萧然，宾从辄满座。吾母脱簪珥❷，治酒浆，盘罍❸间未尝有俭色。越二载，生铨，家益落，历困苦穷乏人所不能堪者，吾母怡然无愁戚状❹；戚党人争贤之。府君由是得计复游燕、赵间，而归吾母及铨，寄食外祖家。

铨四龄，母日授四子书❺数句。苦儿幼不能执笔，乃镂竹枝为丝断之，诘屈作波磔点画❻，合而成字，抱铨坐膝上教之；既识，即拆去。日训十字；明日令铨持竹丝合所识字，无误乃已。至六龄，始令执笔学书。

❶ 粹刚：即刘粹刚（1913-1937），抗战期间为中国空军飞行员，壮烈殉国。

❷ 珥（ěr）：耳环之类的饰物。

❸ 罍（léi），酒樽。

❹ 愁戚（cù）状：愁眉苦脸的样子。

❺ 四子书：即《四书》（《论语》《孟子》《大学》《中庸》的合称）。

❻ 作波磔（zhé）点画：作成一撇、一捺、一点、一画的形状。

先外祖家素不润；历年饥大凶，益窘乏；时铨及小奴衣服冠履，皆出于母。母工纂绣组织❶，凡所为女红，令小奴携于市。人辄争购之：以是铨及小奴，无褴褛❷状。

先外祖长身白髯❸，喜饮酒。酒酣，辄大声吟所作诗，令吾母指其疵。母每指一字，先外祖满引一觥❹；数指之后，乃陶然捋须大笑，举觞❺自呼曰："不意阿文乃有此！"既而摩铨顶曰："好儿子！尔他日何以报尔母？"铨稚不能答，投母怀，泪涔涔❻下；母亦抱儿而悲。檐风儿烛，若愀然❼助人以哀者。

记母教铨时，组纫绩纺之具，毕置左右；膝置书，令铨坐膝下读之。母手任操作，口授句读，咿唔之声，与轧轧相间。儿怠，则少加夏楚❽；旋复持儿泣曰："儿及此不学，我何以见汝父！"至夜分寒甚，母坐于床，拥被覆双足，解衣以胸温儿背，共铨朗诵之。读倦，睡母怀；俄而母摇铨曰："可以醒矣！"铨张目视母面，泪方纵横落，铨亦泣。少间，复令读，鸡鸣卧焉。诸姨尝谓母曰："妹，一儿也，何苦乃尔！"对曰："子众可矣，儿一不肖，妹何托焉？❾"

庚戌，外祖母病且笃，母侍之；凡汤药饮食，必亲尝之而后进；历四十昼夜无倦容。外祖母濒危，泣曰："女本弱，今劳瘁❿过诸兄，惫矣。他日婿归，为我言：'我死无恨，恨不见女子成立；其善诱之！'"语讫而卒。母哀毁骨立，水浆不入口七日。

❶ 纂（zuǎn）绣组织：刺绣编织等事情。

❷ 褴褛（lán lǚ）：衣服破烂。

❸ 髯（rán）：胡须。

❹ 满引一觥（gōng）：斟满一杯酒喝了。

❺ 觞（shāng）：古代的酒杯。

❻ 涔（cén）涔：形容眼泪不断地流下。

❼ 愀（qiǎo）然：忧愁变容的样子。

❽ 夏（jiǎ）楚：本是古代老师责打学生的工具。这里是责打的意思。

❾ 意为：孩子多，倒还罢了；只有这一个，如果不成器，叫我还有什么指望呢？不肖，没有出息。

❿ 瘁（cuì）：辛苦。

间党姻娅❶，一时咸以孝女称，至今弗衰。

铨九龄，母授以《礼记》《周易》《毛诗》，皆成诵。暇更录唐、宋人诗，教之为吟哦声。母与铨皆弱而多病。铨每病，母即抱铨行一室中，未尝寝；少痊，辄指壁间诗歌，教儿低吟之以为戏。母有病，铨则坐枕侧不去；母视铨，辄无言而悲，铨亦凄楚依恋。尝问曰："母有忧乎？"曰："然。""然则何以解忧？"曰："儿能背诵所读书，斯解也。"铨诵声琅琅然，争药鼎沸，母微笑曰："病少差矣。"由是母有病，铨即持书诵于侧，而病辄能愈。

十岁，父归；越一载，复携母及铨，偕游、燕、赵、秦、魏、齐、梁、吴、楚、间。先府君苟有过，母必正色婉言规；或怒不听，则屏息，俟怒少解，复力争之，听而后止。先府君每决大狱，母辄携儿立席前，曰："幸以此儿为念。"府君数颔之。先府君在客邸，督铨学甚急；稍息，即怒而弃之，数日不及一言。吾母垂涕扑之，令跪读至熟乃已，未尝倦也。铨故不能荒于嬉，而母教亦以是益严。

又十载归，卜居于鄱阳，铨年且二十。明年娶妇张氏，母女视之，训以纺绩织纴事，一如教儿时。铨年二十有二岁，未尝去母前；以应童子试，归铅山，母略无离别可怜之色。旋补弟子员；明年丁卯，食廪饩❷。秋，荐于乡；归拜母，母色喜。依膝下廿日，遂北行。母念儿辄有诗；未一寄也。明年落第，九月归。十二月，先府君即世；母哭濒死❸者十余次，自为文祭之，凡百余言，朴婉沉痛，闻者无亲疏老幼，皆呜咽失声。时行年四十有三也。

❶ 间党姻娅：邻里和乡党。间，本是古代居民的组织单位，二十五家为一间。姻娅：亲亲眷眷的意思。娅，本是两婿之间的相称。

❷ 食廪饩（lǐn xì）：秀才参加科考，成绩优良的补为"廪善生"，可以得到膳费津帖。廪饩，公家发给的膳食津贴。

❸ 哭濒死：哭得死去活来。濒，几乎，接近。

己巳，有南昌老画师游鄱阳，八十余，白发垂耳，能图人状貌，铨延之为母写小像。因以位置、景物请于母；且问母何以行乐，当图之以为娱。母怃然曰："呜呼！自为蒋氏妇，常以不及奉舅姑盘匜❶为恨；而处忧患、哀恸间数十年：凡哭父、哭母、哭儿、哭女夭折，今且哭夫矣；未亡人欠一死耳！何乐为？"铨跪曰："虽然，母志有乐得未致者，请寄斯图也，可乎？"母曰："苟吾儿及新妇能习其勤，不亦可乎？鸣机夜课❷，老妇之愿足矣；乐何有焉？"

铨于是退而与画士，乃图秋夜之景：虚堂四敞，一灯荧荧❸，高梧萧疏，影落檐际。堂中列一机，画吾母坐而织之。妇执纺车坐母侧。檐底横列一儿，剪烛自照，凭画栏而读者则铨也。阶下假山一，砌花盆兰，婀娜❹相倚，动摇于微风凉月中。其童子蹲树根捕促织为戏，及垂短发、持羽扇、煮茶石上者，则奴子阿童、小婢阿昭。

图成，母视之而欢。

铨谨按吾母生平勤劳，为之略，以进求诸大人先生之立言而与人为善者。

——《鸣机夜课图记》❺

❶ 不及奉舅姑盘匜（yí）：赶不上侍候公婆（指嫁过去时公婆已死了）。盘匜，洗涤的器具。

❷ 鸣机：织布时机声（指纺车）鸣响。夜课：督促（小辈）夜里做功课。

❸ 荧（yíng）荧：灯光明亮的样子。

❹ 婀娜（ē nuó）：柔长弯曲的样子。

❺ 本文作者为清代诗人蒋士铨。作者年幼时，其父宦游在外，全赖母亲教养。母亲一边纺纱织布，一边教他读书。蒋士铨长大成人，感念母亲辛劳，请画师为其母画像，图成，题为"鸣机夜课图"，并作《鸣机夜课图记》，详细记录了作图原因及过程。

抒情文里的情感

抒情文以发抒情感为目的，所以它的本质跟它所发抒的情感而不同。情感千变万化，决不是从前所谓七情所能包括，所以抒情文所发抒的情感，也

119

归纳不出它一定的种数来。我们只能举些最通常的来做例。

1. 表愉悦的情感

例如：

> 剑外忽传收冀北，初闻涕泪满衣裳。
> 却看妻子愁何在，漫卷诗书喜若狂。
> 白日放歌须纵酒，青春作伴好还乡。
> 即从巴峡穿巫峡，便下襄阳向洛阳。
> ——《闻官军收河南河北》❶

2. 表哀痛的情感

例如：

　　孙中山先生的灵柩从协和医院移往中央公园的时候，我也杂在鹄立道旁的数万人中瞻望。我听了那沉雄的军乐，看了那在微风中飘荡着的白幡，和在幡下走着的无组织、无秩序、三三两两、男男女女、臂上系着黑纱、胸前戴着一枚白纸花的千千万万的人们——大多数是少年人们——我已经觉得心中一阵酸痛，眼泪便涌到眼眶子里了。

　　我想到我只见过孙先生两面，也是在民众对他表示他们的景仰的时候，不过那两次是欢迎，这一次却是哀悼了！

　　在民国没有成立以前，孙先生在一般人的心目中是一个神话传说里的人物。就是民国已经成立，那时的神话传说也并未减少势力。我还记得有一个冬烘先

❶《闻官军收河南河北》：此诗是杜甫的作品，作于763年（唐代宗广德元年）春，当年正月史朝义自缢，他的部将李怀仙斩其首来献，安史之乱结束。杜甫听到这消息，不禁惊喜欲狂，手舞足蹈，冲口唱出这首七律。

生，在民国元年找吴稚晖❶先生求事——并且要在孙先生的临时政府里求一事——他说，他早就知道孙先生是不凡的人物。有一年，孙先生乔装了一个施药郎中，牵了一只黑狗，到常熟被人识穿了。知县派了五百名大兵去捉拿他。他们把孙先生团团围住了，孙先生不慌不忙，吹了一口气，脚下便生了一朵白云，腾空而起，一直飞到上海跑马厅才落下来。这是他亲眼看见的。

那时我初进中学校，听了这种话，还不懂得笑，只觉着生气。可是我所知道的孙先生，其实也是模模糊糊的，只不过靠着些报纸上的照相和不大可靠的记载而已。此外吴先生那时有几句话，在我心中留了很深的印象，使我觉到孙先生的伟大的人格。他说："革命党得了志，他们的面目全变了。始终保持着本来面目，没有染上一些官僚习气的，只有寥寥的几个人，尤其是孙中山先生。"他又常说："孙先生的度量真大，有许多曾经在患难时背弃他的，现在来了，他仍旧一视同仁地看待他们。"

我第一次亲眼看见孙先生，是在南京临时政府取消、孙先生下野的时候。我还记得有一天下午特地到沪宁车站去，到时车站里面已经人山人海，拥挤不堪，那时弱小无力的我，再也没有方法可以进门。我只好立在车站外的道旁人丛中等待着。在听见了欢迎声和军乐声的多少时以后，我便见几辆汽车慢慢地从车站出来。为首的一辆中，坐着一个穿着很整齐的西服的人，他的温文端正的面容、光光的头发、八字胡

❶ 吴稚晖（1865-1953）：近代著名无政府主义者，教育家、书法家，历任国民政府中央研究院院士、国民革命军总政治部主任等职。

① 和蔼可亲：性情温和，
态度亲切。

子，一望而知是孙中山先生。他举起了高顶的丝帽，面上微微露着和蔼可亲①的笑容，可是不几秒钟便过去了。

我第二次看见孙先生便在第一次的后几天。上海新舞台特别演一晚戏，欢迎孙先生。那天楼上的座位招待客人，楼下还是卖座。我那晚跟了吴先生，也坐在一个侧面的包厢里。我永远不会忘记，孙先生走进他的中间包厢的时候，楼上楼下的人都站了起来；戏台后的演员，有的化装已完，有的还没有化装，有的化装方一半，也都出来立在舞台上；他们首先举起帽子，欢呼万岁，楼上楼下的人都应和着，把我的眼泪都止抑不住地叫出来了。

我还记得那天演的是波兰亡国恨，可是我的眼光大约在戏台上的时候，还没有在中座包厢的时候多吧。大约因为觉察着我如此，所以吴先生忽然在我肩上拍了一拍，立起身来向孙先生的包厢走去，我见了也就跟着。他走到那包厢的后面便住了。我起先以为他同孙先生说话去呢，此时知道是让我就近处看看他。我就立在那里，一直到孙先生起身出去。中座包厢中只坐着两个人，中山先生和他的公子哲生先生。他一言不发地坐在那里，眼光直注在戏台上，他的秀美的面容、优闲的态度，完全表现出一个书生政治家来。政治家像孙先生这样的有气魄而无架子的，我到欧洲以后还偶然见过，在中国可以说没有。

孙先生身后站立的人渐渐地多了，他走的时候，已经立满的是人。他见了相熟的人，或是握一握手，或是笑一笑，出去了。他的声音我还没有听见过。

孙先生灵柩到我面前的时候，我正回想着民国元年的记忆。我正见八九个孙先生的老朋友、老党员，抬着灵柩向前走着，我的眼泪真要夺眶而出了。

我在人丛中走了出来，归途想到我所见的都是下台时的孙先生。民国元年那一次，正是他第一次下政治舞台；这一次——末一次，非但下政治的舞台，并且是下人生的舞台了。世界不是一个舞台吗？相隔十余年，每次下台，都有千千万万的人欢迎着或是哀悼着，孙先生之外，还有什么人有这种魔力？孙先生在国人心中的势力是怎样来的呢？我想：与其说因他的功业，还不如说因他的伟大的人格吧！

——《哀思》❶

3.表悲壮的情感

例如：

自中原板荡❷，夷狄❸交侵。余发愤河朔❹，起自相台❺，总发❻从军，历二百余战。虽未能远入夷荒，洗荡巢穴，亦且快国仇之万一。今又提一旅，孤军振起。宜兴、建康之战，一鼓败虏，恨未能使匹马不回耳。

故且养兵休卒，蓄锐待敌。嗣❼当激励士卒，功期再战，北逾沙漠，蹀血虏廷❽，尽屠夷种；迎二圣❾归京阙，取故地上版图。朝廷无虞，主上奠枕，余之愿也。河朔岳飞题。

——《五岳祠盟记》❿

❶ 本文作者为陈西滢（1896-1970），现代散文家，代表作有《西滢闲话》等。

❷ 板荡：《诗经·大雅》二篇名，分别为《板》《荡》，后二字连称以指社会动荡。

❸ 夷狄：指少数民族。

❹ 河朔：黄河以北地区。

❺ 相台：即相州，曹操曾在此建铜雀台，故称相台。

❻ 总发：束聚头发，指刚成年。

❼ 嗣（sì）：接着，随后。

❽ 虏廷：指金国国都上京会宁府（今黑龙江阿城附近）。

❾ 二圣：指被金兵掳去的宋徽宗、宋钦宗父子。

❿ 《五岳祠盟记》是岳飞在1130年败金兵、收复建康后，于宜兴所作的题壁誓词。

4.表愤慨的情感

例如：

　　江宁之龙蟠，苏州之邓尉，杭州之西溪，皆产梅。或曰："梅以曲为美，直则无姿；以欹❶为美，正则无景；以疏为美，密则无态。"固也。此文人画士心知其意，未可明诏大号以绳❷天下之梅也。又不可使天下之民斫直，删密，锄正，以夭梅、病梅❸为业以求钱也。梅之欹、之疏、之曲，又非蠢蠢求钱之民能以其智力为也。

　　有以文人画士孤癖之隐明告鬻❹梅者：斫❺其正，养其旁条，删其密，夭其稚枝；锄其直，遏其生气；以求重价，而江、浙之梅皆病。文人画士之祸之烈至此哉！

　　予购三百盆，皆病者，无一完者。既泣之三日，乃誓疗之、纵之，顺之，毁其盆，悉埋于地，解其棕缚。以五年为期，必复之全之。予本非文人画士，甘受诟厉，辟病梅之馆以受之。

　　呜呼！安得使予多暇日，又多闲田，以广贮江宁、杭州、苏州之病梅，穷予生之光阴以疗梅也哉！

　　　　　　　　　　　　　　——《病梅馆记》

5.表怀念的情感

例如：

　　我与父亲不相见已二年余了，我最不能忘记的是他的背影。

❶ 欹（qī）：倾斜。

❷ 绳：名作动，约束。

❸ 夭梅、病梅：摧折梅，把它弄成病态。

❹ 鬻（yù）：卖。

❺ 斫（zhuó）：砍削。

那年冬天，祖母死了，父亲的差使也交卸了，正是祸不单行的日子。我从北京到徐州，打算跟着父亲奔丧回家。到徐州见着父亲，看见满院狼藉的东西，又想起祖母，不禁簌簌地流下眼泪。父亲说："事已如此，不必难过，好在天无绝人之路！"

回家变卖典质，父亲还了亏空；又借钱办了丧事。这些日子，家中光景很是惨淡，一半为了丧事，一半为了父亲赋闲。丧事完毕，父亲要到南京谋事，我也要回北京念书，我们便同行。

到南京时，有朋友约去游逛，勾留了一日；第二日上午便须渡江到浦口，下午上车北去。父亲因为事忙，本已说定不送我，叫旅馆里一个熟识的茶房陪我同去。他再三嘱咐茶房，甚是仔细。但他终于不放心，怕茶房不妥帖；颇踌躇❶了一会。其实我那年已二十岁，北京已来往过两三次，是没有什么要紧的了。他踌躇了一会，终于决定还是自己送我去。我两三回劝他不必去；他只说："不要紧，他们去不好！"

我们过了江，进了车站。我买票，他忙着照看行李。行李太多了，得向脚夫行些小费，才可过去。他便又忙着和他们讲价钱。我那时真是聪明过分，总觉他说话不大漂亮，非自己插嘴不可，但他终于讲定了价钱；就送我上车。他给我拣定了靠车门的一张椅子；我将他给我做的紫毛大衣铺好坐位。他嘱我路上小心，夜里要警醒些，不要受凉。又嘱托茶房好好照应我。我心里暗笑他的迂；他们只认得钱，托他们只是白托！而且我这样大年纪的人，难道还不能料理自己吗？唉！我现在想想，那时真是太聪明了！

❶ 踌躇：犹豫不决；停留考虑；得意的样子。

我说道:"爸爸,你走吧。"他望车外看了看说:"我买几个橘子去。你就在此地,不要走动。"我看那边月台的栅栏外有几个卖东西的等着顾客,走到那边月台,须穿过铁道,须跳下去又爬上去。父亲是一个胖子,走过去自然要费事些。我本来要去的,他不肯,只好让他去。我看见他戴着黑布小帽,穿着黑布大马褂,深青布棉袍,蹒跚地走到铁道边,慢慢探身下去,尚不大难。可是他穿过铁道要爬上那边月台,就不容易了。他用两手攀着上面,两脚再向上缩;他肥胖的身子向左微倾,显出努力的样子。这时我看见他的背影,我的泪很快的流下来了。我赶紧拭干了泪。怕他看见,也怕别人看见。我再向外看时,他已抱了朱红的橘子往回走了。过铁道时,他先将橘子散放在地上,自己慢慢爬下,再抱起橘子走。到这边时,我赶紧去搀他。他和我走到车上,将橘子一股脑儿放在我的皮大衣上。于是扑扑衣上的泥土,心里很轻松似的。过一会说:"我走了,到那边来信!"我望着他走出去。他走了几步,回过头看见我,说:"进去吧,里边没人。"等他的背影混入来来往往的人里,再找不着了,我便进来坐下,我的眼泪又来了。

近几年来,父亲和我都是东奔西走,家中光景是一日不如一日。他少年出外谋生,独力支持,做了许多大事。哪知老境却如此颓唐❶!他触目伤怀❷,自然情不能自已。情郁于中,自然要发之于外;家庭琐屑便往往触他之怒。他待我渐渐不同往日。但最近两年的不见,他终于忘却我的不好,只是惦记着我,惦

❶ 颓唐:萎靡不振的样子。

❷ 触目伤怀:看到某种情况心里感到悲伤。

记着我的儿子。我北来后，他写了一信给我。信中说道："我身体平安，惟膀子疼痛厉害，举箸、提笔，诸多不便，大约大去之期不远矣。"我读到此处，在晶莹的泪光中又看见那肥胖的、青布棉袍黑布马褂的背影。唉！我不知何时再能与他相见！

——《背影》

6. 表依恋的情感

例如：

意映卿卿如晤：

吾今以此书与汝永别矣！吾作此书时，尚为世中一人，汝看此书时，吾已成为阴间一鬼。吾作此书，泪珠和笔墨齐下，不能竟书而欲搁笔。又恐汝不察吾衷，谓吾忍舍汝而死，谓吾不知汝之不欲吾死也，故遂忍悲为汝言之：

吾至爱汝，即此爱汝一念，使吾勇于就死也。吾自遇汝以来，常愿天下有情人都成眷属。然遍地腥云，满街狼犬，称心快意，几家能够？司马青衫❶，吾不能学太上之忘情也。语云："仁者老吾老以及人之老，幼吾幼以及人之幼。"吾充吾爱汝之心，助天下人爱其所爱，所以敢先汝而死，不顾汝也。汝体吾心，于啼泣之余，亦以天下人为念，当亦乐牺牲吾身与汝身之福利，为天下人谋永福也，汝其勿悲。

汝忆否，四五年前某夕，吾尝语曰："与其使吾先死也，无宁汝先吾而死。"汝初闻言而怒，后经吾婉解，虽不谓吾言为是，而亦无辞相答。吾之意盖谓

❶ 司马青衫：形容极度悲伤。出自白居易《琵琶行》诗："座中泣下谁最多，江州司马青衫湿。"

127

以汝之弱，必不能禁失吾之悲。吾先死，留苦与汝，吾心不忍，故宁请汝先死，吾担悲也！嗟夫！谁知吾卒先汝而死乎！

吾真正不能忘汝也！回忆后街之屋，入门穿廊，过前后厅又三四折，有小厅，厅旁一屋为吾与汝双栖之所。初婚三四个月，适冬之望日前后，窗外疏梅筛月影，依稀掩映。吾与汝并肩挽手，低低切切，何事不语，何情不诉。及今思之，空余泪痕！又回忆六七年前，吾之逃家复归也，汝泣告我："望今后君远行，必以告妾，妾愿随君行。"吾亦既许汝矣。前十余日回家，即欲乘便以此行之事语汝；及与汝相对，又不能启口；且以汝之有身也，更恐不胜悲，故惟日日呼酒买醉。嗟夫！当时余心之悲，盖不能以寸管形容之。

吾诚愿与汝相守以死，第以今日时势观之，天灾可以死，盗贼可以死，瓜分之日可以死，奸官污吏虐民可以死，吾辈处今日之中国，国中无地无时不可以死；到那时使吾眼睁睁看汝死，或使汝眼睁睁看我死，吾能之乎？抑汝能之乎？即可不死，而离散不相见，徒使两地眼成穿而骨化石，试问古来几曾见破镜重圆❶？则较死为尤苦也，将奈之何！今日吾与汝幸双健，天下人不当死而死与不愿离而离者，不可数计；钟情如我辈者，能忍之乎？此吾所以敢率性就死不顾汝也。

吾今死无余憾，国事成不成，自有同志者在。依新已五岁，转眼成人，汝其善抚之，使之肖我。汝腹中之物，吾疑其女也，女必像汝，吾心甚慰，或又是

❶ 破镜重圆：比喻夫妻失散或决裂后重新团聚与和好。

男，则亦教其以父志为志，则我死后，尚有二意洞在也。甚幸甚幸！吾家后日当甚贫，贫无所苦，清静过日而已，吾今与汝无言矣！吾居九泉之下，遥闻汝哭声，当哭相和也。吾平日不信有鬼，今则又望其真有。今人又言心电感应有道，吾亦望其言是实；则吾之死，吾灵尚依依傍汝也。汝不必以无侣悲。

吾平生未尝以吾所志语汝，是吾不是处。然语之又恐汝日日为吾担忧，吾牺牲百死而不辞，而使汝担忧，的的非吾所思，吾爱汝至，所以为汝体者惟恐未尽。汝幸而偶我，又何不幸而生今日之中国！吾幸而得汝，又何不幸而生今日之中国！卒不忍独善其身。嗟夫！纸短情长，所未尽者，尚有万千，汝可以模拟得之。吾今不能见汝矣！汝不能舍吾，其时时于梦中得我乎！一恸！

辛未三月念六夜四鼓意洞手书

家中诸母皆通文，有不解处，望请其指教，当尽吾意为幸。

——《绝笔书》❶

7. 表鄙斥的情感

例如：

阁下文采风流，才情义侠，职素钦慕。当国破众疑之际，爰立今上，以定时局，以为古之郭汾阳，今之于少保也。

然而一立之后，阁下气骄腹满，政本自由，兵权独握；从不讲战守之事，而只知贪黩之谋；酒色逢

❶《绝笔书》是辛亥革命烈士林觉民（1886-1911）在起事前三天的夜里写的，原书共两封，一封是给他父亲的，内容仅云："不孝儿觉民叩禀父亲大人：儿死矣，惟累大人吃苦，弟妹缺衣食耳，然大有补于全国同胞也。大罪乞恕之。"这里所选的一封是写给他夫人陈意映女士的，信里充满了牺牲一己，为全国同胞争取自由幸福的革命精神。

君，门墙固党，以致人心解体，士气不扬。叛兵至则束手无策，强敌来而先期以走；致令乘舆播迁，社稷丘墟。阁下谋国至此，即喙长三尺，亦无以自解也。

以职上计，莫若明水一盂，自刎以谢天下，则忠愤节义之士，尚尔相亮，无他；若但求全首领，亦当立解枢权，授之才能清正大臣，以召英雄豪杰，呼厉惕号，犹当幸望中兴。

如或逍遥湖上，潦倒烟霞，仍效贾似道之故辙，千古笑齿，已经冷绝；再不然，如伯嚭渡江，吾越乃报仇雪耻之国，非藏垢纳污之区也，职当先赴胥涛，乞素车白马以拒阁下！

上干洪怒，死不赎辜。阁下以国法处之，则当束身以候缇骑；私法处之，则当引领以待钼𪐐❶。

——《让马瑶草书》❷

❶ 钼𪐐（chú ní）：晋国著名的大力士。钼𪐐，在史籍《吕氏春秋·过理》中记作沮𪐐，在史籍《汉书·古今人表》中记作钼𪐐，而汉朝史学家刘向在《说苑·立节》中则又作钼之弥。

❷《让马瑶草书》：即《让马瑶草》，作者是明末文学家王思任（1574-1646），本文叙说了作者对马瑶草这位握有拥立大权的残明第一重臣，在关系到社稷安危如此重大的政治问题上，作为的不满和自己的愿望。

抒情文的特质

抒情文有两种特质，一是真情的流露，一是情调的统一。两者必须有其一，才能感动读者，完成本身的使命。

1. 真情流露

凡是真情流露的文章，最能发挥感动别人的力量；情不真则流于虚伪，当然不能感动别人。这种虚伪的抒情文，在古文里极多，如对于那些作者根本没有情感的祭文、墓志、哀词之类都是。这种文章，应当排

斥之于真正的抒情文之外，而仅当作一种应用文看待。至真情流露的文章，例如：

乾隆丁亥冬，葬三妹素文于上元之羊山，而奠以文，曰：

呜呼！汝生于浙而葬于斯，离吾乡七百里矣；当时虽觭[1]梦幻想，宁知此为归骨所耶！

汝以一念之贞，遇人仳离[2]，致孤危托落。虽命之所存，天实为之；然而累汝至此者，未尝非予之过也。予幼从先生受经，汝差肩而坐，爱听古人节义事；一旦长成，遽[3]躬蹈之。呜呼！使汝不识诗书，或未必艰贞若是。

余捉蟋蟀，汝奋臂出其间，岁寒虫僵，同临其穴。今予殓汝葬汝，而当日之情形憬然赴目[4]。予九岁憩[5]书斋，汝梳双髻，披单缣来，温《缁衣》一章。适先生奓户入，闻两童子音琅琅然，不觉莞尔[6]，连中呼则则[7]；此七月望日事也，汝在九原，当分明记之。予弱冠粤行，汝掎裳悲恸[8]。逾三年，予披官锦还家，汝从东厢扶案出，一家瞠视而笑[9]，不记语从何起。大概说长安登科，函使报信迟早云尔。凡此琐琐，虽为陈迹，然我一日未死，则一日不能忘。旧事填膺[10]，思之凄梗，如影历历，逼取便逝。悔当时不将嫛婗[11]情状，罗缕[12]纪存。然而汝已不在人间，则虽年光倒流，儿时可再，而亦无与为证印者矣。

汝之义绝高氏而归也，堂上阿奶，仗汝扶时；家中文墨，眣[13]汝办治。尝谓女流中最少明经义、谙雅故者。汝嫂非不婉嫕[14]，而于此微缺然。故自汝归后，

[1] 觭（jī）梦：做梦、得梦。

[2] 仳（pǐ）离：分别，分离。

[3] 遽（jù）：立刻；马上。

[4] 憬然赴目：清醒地来到眼前。

[5] 憩（qì）：休息。

[6] 莞（wǎn）尔：微笑的样子。

[7] 则则：犹“啧啧”，赞叹声。

[8] 掎（jǐ）：拉住。
恸（tong）：痛哭。

[9] 瞠（chēng）视而笑：瞪眼看着笑，形容惊喜激动的情状。

[10] 填膺（yīng）：充满胸怀。

[11] 嫛婗（yī ní）：婴儿。这里引申为儿时。

[12] 罗缕（lǚ）：排成一条一条，记录下来保存着。

[13] 眣（shùn）：即用眼色示意。这里作“期望”解。

[14] 婉嫕（yì）：柔顺。

① 痷殜（yè dié）：病得
不太厉害，但还没有
痊愈。

② 虑戚吾心：顾虑着怕我
心里难过。戚，忧愁。

③ 窀穸（zhūn xī）：墓穴。
这句说：只有你的墓
穴，还没有筹划措办
罢了。

④ 先茔（yíng）：祖先的
墓地。

⑤ 冢（zhǒng）：坟墓。

⑥ 望：对着。原隰（xí）：
平原低洼之地。高而平
的地叫原，低下而潮
湿的地为隰。

⑦ 羁（jī）魂：飘荡在他乡
的魂魄。

⑧ 周晬（zuì）：周岁。

虽为汝悲，实为予喜。予又长汝四岁，或人间长者先
亡，可将身后托汝。而不谓汝之先予以去也！

前年予病，汝终宵刺探，减一分则喜，增一分则
忧。后虽小差，犹尚痷殜①，无所娱遣。汝来床前，
为说稗官野史可喜可愕之事，聊资一欢。呜呼！今而
后，吾将再病，教从何处呼汝耶！

汝之疾也，予信医言无害，远吊扬州。汝又虑戚
吾心②，阻人走报。及至绵惙已极，阿奶问望兄归否，
强应曰诺。予已先一日梦汝来诀，心知不祥，飞舟渡
江。果予以未时还家，而汝以辰时气绝，四肢犹温，
一目未瞑，盖犹忍死待予也。呜呼痛哉！早知诀汝，
则予岂肯远游；即游亦尚有几许心中言，要汝知闻，
共汝筹画也。而今已矣！除吾死外，当无见期。吾又
不知何日死，可以见汝。而死后之有知无知，与得见
不得见，又卒难明也。然则抱此无涯之憾，天乎，人
乎，而今已乎！

汝之诗，吾已付梓；汝之女，吾已代嫁；汝之生
平，吾已作传；惟汝之窀穸③，尚未谋耳。先茔④在
杭，江广河深，势难归葬，故请母命而宁汝于斯，便
祭扫也。其旁葬汝女阿印，其下两冢⑤，一为阿爷侍
者朱氏，一为阿兄侍者陶氏。羊山旷渺，南望原隰⑥，
西望栖霞，风雨晨昏，羁魂⑦有伴，当不孤寂。所怜
者，吾自戊寅年读汝哭侄诗后，至今无男。两女牙牙
生，汝死后才周晬⑧耳。予虽亲在未敢言老，而齿危
发秃，暗里自知，知在人间，尚复几日。阿品远官河
南，亦无子女，九族无可继者。汝死我葬，我死谁
埋？汝倘有灵，可能告我？

呜呼！生前既不可想，身后又不可知；哭汝既不闻汝言，奠汝又不见汝食，纸灰飞扬，朔风野大，阿兄归矣，犹屡屡回头望汝也。呜呼哀哉，呜呼哀哉！

——《祭妹文》❶

这篇虽是祭文，但全从天性至情中流出，所以字字是泪，语语可哭，是抒情文中一篇难得的文章。

2. 情调统一

至于情调的统一，全由于作者情感的专一，所以无论写人、写物、写景、写事，都与作者的心境全然相合，直把外界与内心融合而成为一个。当悲念逝者的时候，会对花堕泪，见月伤心；当遭逢喜事的时候，即炎威的太阳也对之作微笑，渐渐❷的流水声也变作祝贺的颂歌，这是情调统一的极致，也是抒情深刻的极致。例如：

雨声渐渐地住了，窗帘后隐隐地透进清光来。推开窗户一看，呀！凉云散了，树叶上的残滴映着月儿，好似萤光千点，闪闪烁烁地动着。真没想到苦雨孤灯之后，会有这么一幅清美的图画！

凭窗站了一会儿，微微的觉得凉意侵人。转过身来，忽然眼花缭乱，屋子里的东西都隐在光云里；一片幽辉只浸着墙上画中的安琪儿；这白衣的安琪儿抱着花儿，扬着翅儿，向着我微微地笑。

"这笑容仿佛在哪儿看见过似的，什么时候我

❶《祭妹文》：清代文学家袁枚（1716-1797）的一篇散文，是中国古代文学史上哀祭散文的珍品，表现了兄妹之间深挚的情感。作者的痛伤不单单是因为对胞妹的挚爱，还饱含着对她的同情和怜悯，对邪恶不公的愤懑，对自己未尽职责的无限悔恨，这使得文章包孕了丰富的思想内容，增强了震撼读者心灵的力量。

❷渐渐：象声词，形容风雪雨水声。

曾……"我不知不觉地便坐在窗台下想，默默地想。

严闭的心幕慢慢地拉开了，涌出五年前的一个印象。——一条很长的古道。驴脚下的泥兀自滑滑的。田沟里的水潺潺地流着。近村的绿树都笼在湿烟里。弓儿似的新月挂在树梢。一边走着，似乎道旁有一个孩子，抱着一堆灿白的东西。驴儿过去了，无意中回头一看，他抱着花儿，赤着脚儿，向着我微微地笑。

"这笑容又仿佛是哪儿看见过似的！"我仍是想，默默地想。

又现出一重心幕来，也慢慢地拉开了，涌出十年前的一个印象。——茅檐下的雨水一滴一滴地落到衣上来。土阶边的水泡儿泛来泛去地乱转。门前的麦陇和葡萄架子都濯得新黄嫩绿的，非常鲜丽。一会儿，好容易雨晴了，连忙走下坡儿去。迎头看见月儿从海面上来了，猛然记得有件东西忘下了，站住了，回过头来。这茅屋里的老妇人倚着门儿，抱着花儿，向着我微微地笑。

这同样微妙的神情，好似游丝一般，飘飘漾漾地合了扰来，绾在一起。

这时心下光明澄静，如登仙界，如归故乡。眼前浮现的三个笑容，一时融化在爱的调和里，看不分明了。

——《笑》❶

这是一篇有名的情调统一的抒情文，把自己以外一切事物景象，和自己的心境融合而成为一片，再也

❶ 本文作者为冰心，《笑》是一个具有象征意义的标题，也是一个寄寓西方人文主义思想的形象。作者用我国传统的创美方式诠释西方的这一思想。在新文学中，冰心的《笑》不愧为中西合璧的美文典范。《笑》发表于1921年革新后的《小说月报》第1号上，是冰心先生的成名作。

分别不出是内心，是外界来。

第二节　取材

抒情文材料的来源

抒情文的材料，既不是具体的事迹，也不是抽象的知识，因为那些都是记叙文和说明文所有；它却是一种取不动、看不见而只能感觉着的情感。情感自己不会产生，必须有机会触发了才会抒发出来，所以抒情文的材料无从寻找，必须等它自己来了然后才写的。所谓情感的触发，大概有四种原因。

1. 由感物而发

这是作者触着外界的静物而发动的情感，从前的人往往会"迎风洒泪"、"对月长吁"，都属这一类。例如：

崇祯十一年冬，苏州府城中承天寺以久旱浚井，得一函，其外曰《大宋铁函经》❶，锢之再重，中有书一卷，名曰《心史》，称"大宋孤臣郑思肖百拜封"。思肖号所南，宋之遗民，有闻于志乘者。其藏书之日为德祐九年，宋已亡矣，而犹日夜望陈丞相、张少保统海外之兵以复大宋三百年之土宇，而驱胡元于漠

❶《大宋铁函经》：即《铁函心史》，南宋末年连江人郑思肖著的文集。

135

北。至于痛哭流涕而祷之天地、盟之大神，谓"气化转移，必有一日变夷而为夏者"。于是群中之人，见者无不稽首惊诧，而巡抚都院张公国维刻之以传，又为所南立祠堂，藏其函祠中。未几而遭国难，一如德祐末年之事，呜呼悲矣！其书传至北方者少，而变故之后，又多讳而不出，不见此书者三十余年，而今复观之富年朱氏，昔此书初出，太仓守钱君肃乐赋诗二章，昆山归生庄和之八章。及浙东之陷，张公走归东阳，赴池中死。钱君遁之海外，卒于琅琦山。归生更名祚明，为人尤慷慨激烈，亦终穷饿以殁。独余不才，浮沉于世，悲年运之日往，值禁网之逾密，而见贤思齐，独立不惧，故作此歌以发挥其事云尔。

有宋遗臣郑思肖，痛哭胡元移九庙，独力难将汉鼎扶，孤忠欲向湘累吊。著书一卷称《心史》，万古此心心此理。千寻幽井置铁函，百拜丹心今未死。胡人从来无百年，得逢圣祖再开天。黄河已清人不待，沉沉水府留光彩。忽见奇书出世间，又惊胡骑满江山。天知世道将反覆，故出此书示臣鹄。三十余年再见之，同心同调复同时。陆公已向崖门死，信国捐躯赴燕市。昔日吟诗吊故人，幽篁❶落木愁山鬼。呜呼！蒲黄之辈何其多，所南见此当如何？

——《井中心史歌并序》❷

2. 由感事而发

这是作者触看事物的动态而引起的情感，所谓："同情之感"、"不平之鸣"，都属这一类。例如：

❶ 幽篁：（yōu huáng）：指幽深的竹林。

❷ 本文作者为顾炎武（1613-1682），明末清初著名的思想家、史学家、语言学家。

136

燕子去了，有再来的时候；杨柳枯了，有再青的时候；桃花谢了，有再开的时候；但是，聪明的，你告诉我，我们的日子为什么一去不复返呢？是有人偷了他们吧：那是谁？又藏在何处呢？是他们自己逃走了吧：现在又到了哪里呢？

我不知道他们给了我多少日子；但我的手确乎是渐渐空虚了。在默默里算着，八千多日子已经从我手中溜去；像针尖上一滴水滴在大海里，我的日子滴在时间的流里，没有声音，也没有影子。我不禁头涔涔❶而泪潸潸❷了。

❶ 涔涔：汗流浃背的。

❷ 潸潸：泪落不止的。

去的尽管去了，来的尽管来着；去来的中间，又怎样地匆匆呢？早上我起来的时候，小屋里射进两三方斜斜的太阳。太阳，他有脚啊，轻轻悄悄地挪移了，我也茫茫然跟着旋转。于是洗手的时候，日子从水盆里过去；吃饭的时候，日子从饭碗里过去；默默时，便从凝然的双眼前过去。我觉察他去得匆匆了，伸出手遮挽时，他又从遮挽着的手边过去。天黑时，我躺在床上，他便伶伶俐俐地从我身上跨过，从我脚边飞去了。等我睁开眼和太阳再见，这算又溜走了一日。我掩着面叹息，但是新来的日子的影儿，又开始在叹息中闪过去。

在逃去如飞的日子里，在千门万户的世界里的我，能做些什么呢？只有徘徊罢了，只有匆匆罢了；在八千多日的匆匆里，除徘徊外，又剩些什么呢？过去的日子如轻烟，被微风吹散了；如薄雾，被初阳蒸融了。我留着些什么痕迹呢？我何尝留着像游丝样的痕迹呢？我赤裸裸来到这世界，转眼间也将赤裸裸回去吧？但不能平的，为什么偏要白白走这一遭啊？

你聪明的，告诉我，我们的日子为什么一去不复返呢？

——《匆匆》❶

3. 由怀人而发

这是作者和别人生离或死别了在思念时所引起的情感，人与人之间的关系极为复杂，所以它也复杂万分。例如：

郝锡九兄，他是我的老朋友，然而我追悼他的意思，倒不是因为老朋友的关系，而是因为他是在这进行全国战争的时候为国捐躯牺牲到底的勇将。

从前岳武穆说过："文臣不爱钱，武臣不惜死，则天下太平矣。"我以为今日的中国，亦正需要不爱钱的文官，不惜死的武官，郝锡九兄便是不惜死的武官最好的典型。

古代中国历史上，不乏捐躯殉国的名将，南宋抗金抗元的战争，殉国者尤多，但是南宋的抗金抗元，只是中国内部的自相水火，不是民族对外的全面抗战。中国自有历史以来，民族对外的全面抗战，要以这次抵抗日本帝国主义的侵略为始。

在这次全面抗日战争之中，我们固痛恨日本帝国主义的暴力侵略，对我民族的惨无人道的轰炸与屠杀，然而也很值得骄傲，在大时代的洪涛中，我们能在政府领导之下，和全国人民共同担负起抵抗暴力、

❶ 朱自清的散文《匆匆》写于1922年3月28日。当时是"五四"落潮期，现实不断给作者以失望。但是作者在彷徨中并不甘心沉沦，他站在他的"中和主义"立场上执著地追求着。全文表现了作者对于时间流逝的无奈、焦急、惋惜。

复兴民族的任务，得以鲜血头颅捍卫祖国的疆土。郝锡九兄的鲜血，便是为保卫祖国疆土而流的最忠诚的一滴。

这次战争诚如蒋委员长说的："我们不是求战，只是应战。"日本帝国主义的暴力侵略，我们不抗战，全民族只有死亡；若抗战到底，决心死里以求生，我们岂但不会死亡，最后的胜利，到底还是我们的。所以这次战争，是我们生与死的决斗，为了要争民族的生存，我们总不能重视个人的生存，不，我们应当牺牲个人的生存，以求民族的生存。若像背叛祖国的汉奸，为了重视个人的生存，不惜赧颜事仇❶，认贼作父，固是十恶不赦的罪魁；而偷生畏死，失地丧师，未见敌人便先弃甲逃遁者，亦与汉奸无异。郝锡九兄以军长而身先士卒，裹创而一战再战，为国史上军长殉难的第一人。这种伟大牺牲的精神，宁止足以励士气，坚战心，寒侵略者之胆；简直足以振人心，延国家民族的生命于无穷。其死事的悲壮，固不仅是锡九兄一己的光荣，而是整个中华民族伟大不屈精神的充分表现。

本来军人的天职为保卫国土，锡九兄的死难，似乎不算什么稀奇，但在目前的情形之下，锡九兄的死却使得我们顽廉懦立。倘使人人如锡九兄怀必死之心以抗暴日，牺牲一切以报国家，中华民族的复兴，是计日可待的。

我很欣幸，锡九兄是我的老朋友中殉国的先驱者。我对他之死，不暇哀悼，只有敬仰，我没眼泪可挥，只有一腔热血，继他之后，为民族而流尽。我愿

❶ 赧颜事仇：应为"腼颜事仇"，指不知羞耻地为仇敌做事。

全中国的军人，踏着锡九兄的血迹前进，与民族唯一的敌人，抗战到底，完成复兴中华民族的伟大任务，还我河山，荡彼妖氛。

——《悼郝梦龄❶》

4. 由吊古而发

这是作者遇见历史的遗迹而引起的情感，大概必须与时事或己身稍有关连，那么更能热烈而真挚。例如：

浩浩乎平沙无垠，夐❷不见人。河水萦带，群山纠纷。黯兮惨悴，风悲日曛❸。蓬❹断草枯，凛若霜晨。鸟飞不下，兽铤❺亡群。亭长❻告予曰："此古战场也。常覆三军❼。往往鬼哭，天阴则闻。"

伤心哉！秦欤汉欤？将近代欤？吾闻夫齐魏徭戍，荆韩召募。万里奔走，连年暴露。沙草晨牧，河冰夜渡。地阔天长，不知归路。寄身锋刃，腷臆谁诉❽？秦汉而还，多事四夷，中州耗斁❾，无世无之。古称戎夏，不抗王师。文教失宣，武臣用奇。奇兵有异于仁义，王道迂阔❿而莫为！

呜呼噫嘻！吾想夫北风振漠，胡兵伺便；主将骄敌，期门⓫受战。野竖旌旗，川回组练⓬。法重心骇，威尊命贱。利镞穿骨，惊沙入面。主客相搏，山川震眩。声析⓭江河，势崩雷电。

至若穷阴⓮凝闭，凛冽海隅。积雪没胫，坚冰在须。鸷鸟休巢，征马踯躅。缯纩⓯无温，堕指裂肤。当此苦寒，天假强胡；凭陵杀气，以相剪屠。径

---

❶ 郝梦龄（1898-1937）：抗日战争忻口会战时，在山西大白水前线壮烈殉国。国民政府追认其为陆军上将，中华人民共和国成立后，追认他为革命烈士。

❷ 夐（xiòng）：远。

❸ 曛：赤黄色，形容日色昏暗。

❹ 蓬：草名，即蓬蒿。

❺ 铤：疾走的样子。

❻ 亭长：秦汉时每十里为一亭，设亭长一人，掌管治安、诉讼等事。

❼ 三军：周制，天子置六军，诸侯大国可置三军，每军一万二千五百人。

❽ 腷（bì）臆：心情苦闷。

❾ 耗斁（dù）：损耗败坏。

❿ 王道：指礼乐仁义等治理天下的准则。迂阔：迂腐空疏。

⓫ 期门：军营的大门。

⓬ 组练：即"组甲被练"，战士的衣甲服装。此代指战士。

⓭ 析：分离，劈开。

⓮ 穷阴：犹穷冬，极寒之时。

⓯ 缯纩（zēng kuàng）：缯，丝织品的总称。纩，丝绵。

截辎重❶，横攻士卒。都尉新降，将军覆没。尸填巨港之岸，血满长城之窟。无贵无贱，同为枯骨。可胜言哉！

鼓衰兮力尽，矢竭兮弦绝，白刃交兮宝刀折，两军蹙❷兮生死决。降矣哉？终身夷狄；战矣哉？骨暴沙砾。鸟无声兮山寂寂，夜正长兮风淅淅。魂魄结兮天沉沉，鬼神聚兮云幂幂❸。日光寒兮草短，月色苦兮霜白。伤心惨目，有如是耶！

吾闻之：牧用赵卒，大破林胡；开地千里，遁逃匈奴。汉倾天下，财殚力痛❹。任人而已，其在多乎！周逐猃狁❺，北至太原；既城朔方，全师而还；饮至策勋，和乐且闲。穆穆棣棣❻，君臣之间。秦起长城，竟海为关；荼毒❼生灵，万里朱殷❽。汉击匈奴，虽得阴山；枕骸遍野，功不补患。

苍苍蒸民，谁无父母？提携捧负，畏其不寿。谁无兄弟，如足如手？谁无夫妇，如宾如友？生也何恩，杀之何咎？其存其没，家莫闻知；人或有言，将信将疑。悁悁心目，寤寐见之。布奠倾觞，哭望天涯。天地为愁，草木凄悲。吊祭不至，精魂何依？必有凶年，人其流离。呜呼噫嘻！时耶命耶？从古如斯。为之奈何？守在四夷。

——《吊古战场文》❾

直接材料与间接材料

上述的四种抒情文材料，又可分为直接的和间接

❶ 辎（zī）重：军用物资的总称。

❷ 蹙（cù）：迫近，接近。

❸ 幂（mì）幂：深浓阴暗。

❹ 殚（dān）：尽。痛（pū）：劳倦，病苦。

❺ 猃狁（xiǎn yǔn）：古代北方的少数民族。

❻ 穆穆：端庄盛美、恭敬谨肃的样子。棣（dì）棣：文雅安和的样子。

❼ 荼（tú）毒：残害。

❽ 殷（yān）：赤黑色。

❾《吊古战场文》是唐代诗人李华写的一篇骈赋。

的两类。

1.直接的材料

这种材料，系由作者身受而发，大概由感事或怀人而起的情感多属于这一类。例如：

《婴杵课诵图》❶者，不材拯官京师日之所作也。拯之官京师，姊刘❷在家奉其老姑，不能来就弟养。今姑殁❸矣，姊复寄食宁氏姊于广州，阻于远行。拯自始官日，畜志南归，以迄于今，颠顿荒忽❹，琐屑自牵，以不得遂其志。

念自七岁时，先姊殁，遂来依姊氏。姊适新寡，又丧其遗腹子，茕茕❺独处。屋后小园数丈余，嘉树荫之。树阴有屋二椽❻，姊携拯居焉。拯十岁后，就塾师学，朝出而暮归。比夜，则姊恒执女红，篝❼一灯，使拯读其旁。夏苦热，辄夜课。天黎明，辄呼拯起，持小几就园树下读。树根安二巨石，一姊氏捣衣以为砧，一使拯坐而读。日出，乃遣入塾。故拯幼时每朝入塾，所读书乃熟于他童。或夜读倦，稍逐于嬉游❽，姊必涕泣告以母氏劬劳瘁死❾之状；且曰汝今弗勉学，母氏地下戚矣！"拯哀惧，泣告姊后无复为此言。

呜呼！拯不材，年三十矣。念十五六时，犹能执一卷就姊氏读，日惴惴❿于悲思忧戚之中，不敢稍自放逸。自二十后出门，行身居业，日即荒怠。念姊氏教不可忘，故为图以自警，冀使其身依然日读姊氏之侧，庶免其堕弃之日深，而终于无所成也。道光二十四年甲辰秋九月。为之图者，陈君名铼，为余丁

❶ 婴（xū）：古代楚人称姐叫婴。砧（zhēn）：捣衣石。

❷ 姊刘：嫁给刘家的姐姐。

❸ 殁：死。

❹ 颠顿荒忽：颠沛困顿、神思不定的意思。荒忽，同"恍惚"。

❺ 茕（qióng）茕：孤独貌。

❻ 椽（chuán）：放在梁上支架屋面和瓦片的木条。

❼ 篝（gōu）：用灯罩罩着。

❽ 稍逐于嬉游：稍微贪求游玩。逐，追求。嬉，游玩。

❾ 劬（qú）劳瘁（cuì）死：过度劳累憔悴而死。

❿ 惴惴：忧惧貌。

酉同岁生也。

——《婴砧课诵图序》❶

2. 间接的材料

这是由作者读书或听人讲述而发的材料，大概由吊古或感物而起的情感多属这一类。例如：

> 嘉靖戊戌之春，予与诸友会文于野鹤轩。
>
> 吾崐之马鞍山，小而实奇。轩在山之麓，旁有泉，芳冽❷可饮。稍折而东，多盘石。山之胜处，俗谓之东崖，亦谓刘龙州墓，以宋刘过葬于此。墓在乱石中，从墓间仰视，苍碧嶙峋，不见有土，惟石壁旁有小径，蜿蜒出其上，莫测所在。意其间有仙人居也。
>
> 始慈溪杨子器名父创此轩，令能好文爱士不为俗吏者称"名父"。今奉以为名父祠。嗟夫！名父岂知四十余年之后，吾党之聚此耶？
>
> 时会者六人，后至者二人。潘士英自嘉定来，汲泉煮茗，翻为主人。❸予等时时散去，士英独与其徒处。烈风暴雨，崖崩石落，山鬼夜号，可念也！

——《野鹤轩壁记》❹

四种材料的错综

抒情文的四种材料，在性质上固然可以分别得清清楚楚，但在取用时并不需要划清，有时仅可由感物

❶ 本文作者为清代文人王拯（1815-1876年），这篇文章反映了我国古代妇女对于子弟童年时代的学业以至品德教育的重视，从而收到家庭教育方面的良好效果。

❷ 芳冽：芳香而清醇。

❸ 意为：汲起泉水来泡茶，反为主人来招待我们。

❹ 本文作者为归有光（1506-1571），明代散文家。

而吊古，有时也不妨因感事而怀人，有时在同一篇文章中，四者全有也未尝不可。例如：

曹州余尉，出画竹一轴以示余曰："此元管夫人所作也。出自大内，明亡后，游燕市而得之。"呜呼！余闻书画之在大内也，中贵人掌之，玉其椟而金其绳，而犹志之以别玺曰"秘阁之宝"。今出自天子之宫，而入尉之手，废兴之故，可以感矣！

然方其在大内也，虽玉椟而金绳，而天子倦万几，或终岁不观，暇则妬宠工媚者各趋而前，书画不能以其落寞争也；虽中贵人掌之，而彼日徒营为酒食醉饱，则斗鸡驯猫，亦不知观；而天下之文雅鉴赏者，固虽欲观之，而秘阁禁严，不能到也。是终无由见知于世也。方且真伪杂而美恶溷，不过荣其外而已。尉乃鉴之，别之，爱之，重之，与天下之有识者更拂拭而赞叹之，故天下之物，有不必荣于天子之宫，而绌于尉之手者。呜呼！遇合之道，诚难与俗人言也。

尉又云："今太保宋公，尝见而欲得之，诡辞❶以岁久剥落，将入吴中求国工装之以献。"时尉方求补官，舍于太保之馆，因遂逡巡❷以去。其后数见太保，辄问曰："画固在乎？曾求国工治装乎？"言之而笑。尉终不献，太保亦不更索也。呜呼！尉诚高矣。若太保者不具论，倘亦所谓"不贪为宝"者乎？

余尝观之，其绢细密有坚致，非近世所能为。竹潇洒神韵，旁有石历落而远，其为管夫人作无疑。管夫人者，赵文敏之妻也。文敏以宋宗姓仕元为显官，今所传者翰墨满天下，岂当时矜重而求索不获辞耶？抑文敏夫妇借以写其"彼黍离离❶"之感耶？何其有闲情而为此也？然当时仕之以显官，矜重其翰墨，而卒使之消遣于艺事，不忧，不戚，夫妇偕老。呜呼！当时之所以待胜国者厚矣。

凡此皆可记者也，余因为之记。

——《管夫人画竹记》❷

这是一篇在题目上看来是托事的抒情文，但是见画竹是感物，说到管夫人和她的丈夫是怀人，说到南宋亡国之感是吊古，说到余尉的宝爱其画，和元朝待前朝遗族的厚是感事，所以这是一篇四种材料齐备而最错综的抒情文。

第三节　结构

七种抒情句

抒情文不是一种独立的文体，所以它没有特殊的结构。托事的抒情文，其结构全同记叙文；托意的抒情文，其结构同于议论文。其不同之处，全在于记叙议论之外，多上一种抒情的语句。这种抒情的语句的遣用，我们称它做抒情文特有的表现方法。最普通的

❶ 出自《诗经·王风》，在此的意思指对国家残破、今不如昔的哀叹。

❷ 本文作者为侯方域（1618-1654），明末清初著名文人。

表现方法，共有七种。

1. 凡抒情文的句前、句中、句后常加叹词或感叹句，记叙或议论文就不必用。例如：

呜呼！汝生于浙而葬于斯，离吾乡七百里矣！

——《祭妹文》

回思是时，奄忽已十年。吁！可悲也已！

——《寒花葬志》❶

今天下反谓之怪而怪之！呜呼！

——《怪说》

呜呼！可不令人深叹愍哉！

——《葬论》

胡为乎以五斗而易尔七尺之躯；又不足，而益之以尔子与仆乎？呜呼伤哉！

——《瘗旅文》❷

2. 凡抒情文常于语末或句末加用语气助词，不是抒情文也不必用。例如：

足下之道，其使我悲也！

——《与孟东野书》

甚矣哉！为欺也！

——《卖柑者言》

子尚如此，陵复何望哉！

——《答苏武书》

❶《寒花葬志》是明代文学家归有光的一篇散文。当时，作者的妻子魏孺人已经离开人世，而魏氏的陪侍丫环寒花也过早去世。文中通过追忆寒花的生前经历，表达了作者对妻子深切的思念之情。

❷《瘗（yì）旅文》选自《王文成公全书》卷二十五，作于1509年（正德四年），这时作者被贬于龙场驿已是第三个年头了。瘗就是埋葬。该文是作者埋葬三个客死在外的异乡人以后所作的一篇哀祭文。

你们欺负了无罪的人了！你们欺负了不幸的小孩，欺负弱者了！你们做了最无谓、最可耻的事了！

——《义侠的行为》

吾自今年来，苍苍者或化而为白矣；动摇者或脱而落矣；毛血日益衰，志气日益微，几何不从汝而死也。

——《祭十二郎文》

3.凡抒情文往往用自然的音调写出，有缓有急，跟作者的个性和所感触而不同，非抒情文就不用。例如：

天寒风且作，吾母其不能来乎？吾其不能待乎？

——《祭外姑文》❶

呜呼曼卿！盛衰之理，吾固知其如此；而感念畴昔，悲凉凄怆，不觉临风而陨涕者，有愧太上之忘情！

——《祭石曼卿文》❷

诏书切峻，责臣逋慢；郡县逼迫，催臣上道；州司临门，急于星火！臣欲奉诏奔驰，则刘病日笃；欲苟顺私情，则告诉不许！臣之进退，实为狼狈！

——《陈情表》

吾兄之盛德而夭其嗣矣！汝之纯明宜业其家者，不克蒙其泽矣！所谓天者诚难测而神者诚难明矣！所谓理者不可推而寿者不可知矣！

——《祭十二郎文》

❶ 出自《震川先生集》卷三十。是明代散文家归有光为其岳母写的祭文。"外姑"即岳母的别称。

❷ 《祭石曼卿文》为唐宋八大家之一欧阳修所作，是作者为悼念诗友石曼卿而作的一篇祭文。

呜呼！生前既不可想，身后又不可知；哭汝既不闻汝言，奠汝又不见汝食。

——《祭妹文》

4.抒情文可以把句中某一字加重读，以示作者在这个句子中所表的情感，普通文中也不用。例如：

呜呼！亦盛矣哉！

——《五人墓碑记》

呜呼！其真无马耶？其真不知马也？

——《杂说》

呜呼！其竟以此而殒其生乎？抑别有疾而致斯乎？

——《祭十二郎文》

嗟乎！子之责我诚是也，爱吾诚多也，今天下有如子者乎？

——《与李翱书》❶

呜呼！死者果有知耶？我平日决不敢信！死者果无知耶？我今日为汝而决不敢信！

——《祭亡妻黄仲玉》

5.抒情文中往往有呼天或呼父母的语，普通文中绝对不用。例如：

母也！天只！不谅人只！

——《诗经》

❶《与李翱书》是唐代文学家韩愈写给李翱的一封书信。李翱是中国唐代思想家、文学家。他曾从韩愈学古文，协助韩愈推进古文运动，两人关系在师友之间。

世乃有无母之人，天乎！痛哉！

——《先妣事略》

彼苍者天，曷其有极！

——《祭十二郎文》

母亲啊！你是荷叶，我是红莲，心中的雨点来了，除了你，谁是我在无遮拦天空下的荫蔽？

——《莲花》

天乎！吾夫且死。吾安聊生！

——《左宝贵死难记》

6. 抒情文往往用不必答复，有的简直不能答复的疑问语，普通文也没有。例如：

谁无兄弟，如足如手？谁无夫妇，如宾如友？

——《吊古战场文》

彼苍何偏，而不斯报？

——《祭程氏妹文》

吾与尔皆中土之产，吾不知尔郡邑，尔乌乎来为兹山之鬼乎？

——《瘗旅文》

呜呼！言有穷而情不可终，汝其知也邪？其不知也邪？

——《祭十二郎文》

伤心哉！秦欤？汉欤？将近代欤？

——《吊古战场文》

★ 抒情文往往用不必答复，有的简直不能答复的疑问语，普通文也没有。

7.抒情文往往用重复句以增重感情，普通文就用不到。例如：

> 微之！微之！如何！如何！天实为之，谓之
> 奈何！
>
> ——《与元微之书》❶

> 天何言哉！四时行焉，万物生焉，天何言哉！
>
> ——《论语》

> 汝之子始十岁，吾之子始五岁；少而强者不可
> 保，如此孩提者，又可冀其成立邪？呜呼哀哉！呜呼
> 哀哉！
>
> ——《祭十二郎文》

> 嗟乎！嗟乎！如仆尚何言哉！尚何言哉！
>
> ——《报任少卿书》

> 佐克道："快来！快来！海水漏入船舱了"！
>
> ——《小豪杰放洋记》

直写和曲写

前面所讲仅是抒情句的表现法，如果拿整篇的抒情文来讲，那么还有直写与曲写的不同，这是依据情感的性质和作者的个性而决定的。

1.直写

凡抒愤怒激昂之情，或作者个性刚强的，多用直

❶《与元微之书》选自白居易《白氏长庆集》，是白居易写给诗人元稹的一封书信。

写。例如：

　　贞元十一年九月，愈如❶东京，道出田横墓下，感横义高能得士，因❷取酒以祭，为文而吊之，其辞曰：

　　事有旷❸百世❹而相感者，余不自知其何心。非今世之所稀，孰为使余欷歔❺而不可禁？余既博观乎天下，曷❻有庶几❼乎夫子之所为？死者不复生，嗟余去此其从谁？当秦氏之败乱，得一士而可王；何五百人之扰扰，而不能脱夫子于剑铓！抑所宝之非贤，亦天命之有常？昔阙里❽之多士，孔圣亦云其遑遑❾；苟余行之不迷，虽颠沛其何伤！自古死者非一，夫子至今有耿光。跽陈辞而荐酒，魂髣髴❿而来享！

　　　　　　　　　　　　——《祭田横墓文》⓫

2. 曲写

　　凡抒忧郁悲哀之情，或作者个性柔弱的，多用曲写。例如：

　　妾同产兄西域都护定侯超，幸得以微功特蒙重赏，爵列通侯，位二千石，天恩殊绝，诚非小臣所当被蒙。超之始出，志捐躯命，冀立微功，以自陈效。会陈陆之变，道路隔绝，超以一身，转侧绝域，晓譬诸国，因其兵众，每有攻战，辄为先登，身被金夷，不避死亡，赖蒙陛下神灵，且得延命沙漠，至今积三十年，骨肉生离，不复相识。所与相随，时人士众，皆已物故；超年最长，今且七十，衰老被病，头发无黑，两手不仁，耳目不聪明，扶杖乃能行，虽欲

❶ 如：往，到……去。

❷ 因：于是，就。

❸ 旷：阻隔，间隔。

❹ 世：古代以三十年为一世。百世：形容时代之久远。

❺ 欷歔（xī xū）：叹息，哽咽。

❻ 曷：何。

❼ 庶几：差不多。表示可能。

❽ 阙里：地名。相传为春秋时孔子授徒之所。故址在今山东曲阜城内。

❾ 遑遑：匆匆忙忙的样子。

❿ 髣髴（fǎng fú）：隐约，依稀，好像。今写作"仿佛"。

⓫ 本文作者为唐代文学家韩愈。

❶ 悖逆（bèi nì）：违背正道。

❷ 奸宄（jiān guǐ）：违法作乱的事情。

❸ 逾望（yú wàng）：遥望，远望。

❹ 匄（gài）：同"丐"。

❺ 阙廷（quē tíng）：朝廷；亦借指京城。

❻ "民亦劳止"与"汔可小康"都是互文同义。意思是说老百姓太劳苦，也该稍稍得到安乐了。表达了奴隶制时代先民们的一种理想。

❼ 本文作者为班昭，东汉史学家班固之妹，为中国第一个女历史学家。

竭尽其力，以报塞天恩；迫于岁暮，犬马齿索。蛮夷之性，悖逆❶侮老；而超旦暮入地，久不见代；恐开奸宄❷之源，生逆乱之心。而卿大夫咸怀一切，莫肯远虑，如有卒暴，超之气力，不能从心，便为上捐国家累世之功，下弃忠臣竭力之用，诚为痛也！故超万里归诚，自陈苦急，延颈逾望❸，三年于今，未蒙省录，妾窃闻古者十五受兵，六十还之，亦有休息，不任职也。缘陛下以至孝理天下，得万国之欢心，不遗小国之臣，况超得备候伯之位。故敢触死为超求哀，匄❹超余年，一得生还复见阙廷❺，使国家无劳远之虑，西域无仓卒之忧，超得长蒙文王葬骨之恩，子方哀老之惠。诗云："民亦劳止，汔可小康❻。惠此中国，以绥四方。"超有书与妾生诀，恐不复相见。妾诚伤超以壮年竭忠孝于沙漠，疲老则便捐死于旷野，诚可哀怜！如不蒙救护，超后有一旦之变，冀幸超家得蒙赵母卫姬先请之贷！妾愚憨，不知大义，触犯忌讳。

——《为兄超求代疏》❼

暗示和断案

此外，整篇抒情文的结束，有时还用暗示和断案。

1. 暗示

暗示为文学的记叙文所常用，它有一种无言之美，所以更易感人，在托事的抒情文中常常少不掉它，尤以用在结束为最有力量。例如：

项脊轩，旧南阁子也。室仅方丈，可容一人居。百年老屋，尘泥渗漉❶，雨泽下注，每移案，顾视❷无可置者。又北向，不能得日；日过午已昏。予稍为修葺❸，使不上漏，前辟四窗，垣墙周庭，以当南日；日影反照，室始洞然。又杂植兰、桂、竹、木于庭，旧时栏楯❹，亦遂增胜。借书满架，偃仰啸歌，冥然兀坐❺，万籁有声❻；而庭阶寂寂，小鸟时来啄食，人至不去。三五之夜，明月半墙；桂影斑驳，风移影动，珊珊可爱。然予居于此，多可喜，亦多可悲。

先是庭中通南北为一。迨诸父异爨❼，内外多置小门墙，往往而是。东犬西吠，客逾庖而宴❽，鸡栖于厅，庭中始为篱，已为墙，凡再变矣。家有老妪，尝居于此。妪，先大母婢也，乳二世，先妣抚之甚厚。室西连于中闺，先妣尝一至。妪每谓予曰："某所，尔母立于兹。"妪又曰："汝姊在吾怀，呱呱而泣；娘以指叩门扉曰：'儿寒乎？欲食乎？'吾从板外相为应答。"语未毕，予泣，妪亦泣。

予自束发❾读书轩中。一日大母过予曰："吾儿，久不见若影。何竟日默默在此，大类女郎也？"比去，以手阖❿扉，自语曰："吾家读书久不效，儿之成则可待乎！"顷之，持一象笏至，曰："此吾祖太常公宣德间执此以朝；他日汝当用之。"瞻顾遗迹⓫，如在昨日，令人长号不自禁。

轩东故尝为厨；人往，从轩前过。予扃牖⓬而居。久之，能以足音辨人。吾妻来归，时至轩中，从予问古事，或凭几学书。吾妻归宁，述诸

❶ 尘泥渗漉：泥土漏下。渗，透过。漉，漏下。渗漉：从小孔慢慢漏下。

❷ 顾视：环看四周。顾，环视也。

❸ 修葺：修缮、修理，修补。

❹ 栏楯（shǔn）：栏杆。纵的叫栏，横的叫楯。原书写作"阑楯"。

❺ 冥然兀坐：静静地独自端坐着。兀坐，端坐。

❻ 万籁有声：自然界的一切声音都能听到。万籁，指自然界的一切声响。

❼ 迨（dài）诸父异爨（cuàn）：等到伯、叔们分了家。迨，及，等到。异爨，分灶做饭，意思是分了家。

❽ 逾庖而宴：越过厨房而去吃饭。庖，厨房。

❾ 束发：古代男孩成年时束发为髻。

❿ 阖（hé）：通"合"。合上。

⓫ 瞻顾遗迹：回忆旧日事物。瞻：向前看。顾：向后看。瞻顾：泛指看，有瞻仰、回忆的意思。

⓬ 扃（jiōng）牖（yǒu）：关着窗户。扃，（从内）关闭。牖，窗户。

小妹语曰："闻姊家有阁子，且何谓阁子也？"
其后吾妻死，室坏不修。予久卧病无聊，乃使人
复葺南阁子，其制稍异于前。然自后予多在外，
不常居。

庭有枇杷树，吾妻死之年所手植也，今已亭亭如
盖**❶**矣。

——《项脊轩志》**❷**

这是一篇有名的暗示文章，而尤以最后一结使人
留下有余不尽的恋念，更为有力。

2. **断案**

断案本为议论文所必有，所以在托事的抒情文中
也用得着它。但是在议论文里的断案须有论证，它是
全凭直觉，拿不出什么论证来的。例如：

九殿冬冬**❸**鸣战鼓，万朵花迎一只虎。

女儿中有有心人，诡说"侬家是公主"。

公主姿容世寡双，色能伏虎虎心降，笑捋**❹**虎须
向虎语，"洞房请解军中装"。

一杯劝一杯，沉沉虎竟醉。"刃此小于菟，下报
先皇帝"。红烛千条彻帐光，白虹一道冲天气。

"妾手纤纤软玉枝，事成不成未可知。妾心耿耿
精金炼，刺虎还如刺绣时。"

一刀初刺虎犹纵，三刀、四刀虎不动，带血抽刀
啼向天，可惜大才还小用！

吁嗟乎！城可倾，山可平，总是区区一点诚。君

❶ 亭亭如盖：高高挺立，树冠像伞盖一样。亭亭，直立的样子。盖，古称伞。

❷《项脊轩志》是明代文学家归有光的名篇。文章借项脊轩的兴废，写与之有关的家庭琐事，表达人亡物在、三世变迁的感慨，也表达作者怀念祖母、母亲和妻子的感情。

❸ 冬冬：同"咚咚"。

❹ 捋（lǚ）：用手指顺着抹过去，使物体顺溜或干净。

不见滔天狂寇是谁斩，霹雳不能美人敢！

                ——《费宫人刺虎歌》❶

本文的末段是一个断案，但是这个断案全没论证，而且也不一定全是可能有的事实。

❶ 本文作者为袁枚（1716-1797），清代诗人、散文家。

习题三

1.什么叫抒情文？

2.何谓托意的抒情文？与议论文如何区别？

3.何谓托事的抒情文？与记叙文如何区别？

4.试就本书所引某篇抒情文说明它所含情感的性质。

5.试写几段抒发下列各种情感的抒情文：

（1）愉悦

（2）哀痛

（3）悲愤

（4）愤慨

（5）怀念

（6）依恋

（7）鄙斥

6.抒情文的情调应该怎样？

7.试作一段感物的抒情文。（题目可自拟）

8.试作一段感事的抒情文。（同上）

9.试作一段怀人的抒情文。（同上）

10.试作一段吊古❶的抒情文。（同上）

11.试就本书所引某篇抒情文说明它材料的性质。

12.试作四种材料全备的抒情文一篇。（题目自拟）

13.抒情文的抒情句有哪几种？

14.试就本书所引某篇抒情文，说明它是直写的还是曲写的。

15.抒情文的断案与议论文的断案有什么不同？试举例说明。

❶ 吊古：凭吊古迹。

第四章 议论文

第一节 性质

什么是议论文

凡是发挥自己的意见，或用自己的意见来批评别人的意见的文章，都是议论文。它和说明文有着密切的关系：说明文以使人理解某种事物为目的，议论文以改变他人对于某种事物的意向为目的，也非使人对于作者的主张详细理解不可，这是两者的旨趣完全相同的地方。至于在议论文里，关于解释题目的含义及说明问题的起源和历史等应用说明文的地方也很多，

★ 凡是发挥自己的意见，或用自己的意见来批评别人的意见的文章，都是议论文。

所以这两种体裁粗略地看来往往不易辩别。但是说明文的本身是客观的知识，议论文的本身是主观的意见，这是它们态度上的不同；说明文的方法为类名、分类、例证、对称等，议论文的方法为说明、证明、断案等，这是它们结构上的不同；说明文的内容是已决的定案，议论文是未决的问题，所以说明文的题目往往是名词或单语，议论文则为命题，这是它们内容上的不同；所以它们的分别也不是模糊不清的。例如；

（一）

有一次我看到吴昌硕❶写的一方字。觉得单看各笔画，并不好；单看各个字、各行字，也并不好。然而看这方字的全体，就觉得有一种说不出的好处。单看时觉得不好的地方，全体看时都变好了，而且非此反觉不美。

原来艺术品的这幅字，不是笔笔字字行行的集合，而是一个融合不可分解的全体。各笔、各字、各行，对于全体都是有机的，即为全体的一员。字的或大或小，或偏或正，或肥或瘦，或浓或淡，或刚或柔，都是全体构成上的必要，决不是偶然的；即都是为全体而然，不是为个体自己而然的。于是我想象：假如有绝对完善的艺术品的字，必在任何一字或一笔里，已经表出全体的倾向。如果把任何一字或一笔改变一个样子，全体也非统统改变不可；又如把任何一字或一笔除去，全体就不能成立。换言之，在一笔中

❶ 吴昌硕（1844-1927）：我国近现代书画艺术发展过渡时期的关键人物，"诗、书、画、印"四绝的一代宗师，晚清民国时期著名国画家、书法家、篆刻家，与任伯年、赵之谦、虚谷齐名为"清末海派四大家"。

已经表出全体，在一笔中可以看出全体，而全体只是一个个体。

所以单看一笔、一字或一行，自然不行。这是伟大的艺术的特点，在绘画也是如此。中国画论中所谓"气韵生动"❶，就是这个意思。西洋印象画派的持论："以前的西洋画都只是集许多幅小画而成一幅大画，毫无生气。艺术的绘画，非画面浑然融合不可。"在这点上想来，印象派的创生，确是西洋绘画的进步。

这是一个不可思议的艺术三昧境，在一点里可以窥见全体，而在全体中只见一个个体。所谓"一有多种，二无两般（碧岩录）"就是这个意思吧❷！这道理看来似矛盾又玄妙，其实是艺术的一般的特色，美学上的所谓"多样的统一，"很可明了地解释其意义。譬如有三只苹果，水果摊上的人把它们规则地并列起来，就是"统一。"只有统一，是板滞的，是死的。小孩子把它们触乱，东西滚开，就是"多样。"只有多样，是散漫的，是乱的。最后来了一个画家，要写生它们，给它们安排成一个可以入画的美的位置，——两个靠拢在后方一边，余一个稍离开在前方，——望去恰好的时候，就是所谓"多样的统一，"是美的。要统一，又要多样；要规则，又要不规则；要不规则的规则，规则的不规则；要一中有多，多中有一。这是艺术的三昧境！

宇宙是一大艺术。人何以只知鉴赏书画的小艺术，而不知鉴赏宇宙的大艺术呢？人何以不拿看书画的眼来看宇宙呢？如果拿看书画的眼来看宇宙，必可

❶ 南齐画家谢赫在其所著的《古画品录》中，首先提出绘画"六法"，作为人物绘画创作和品评的准则。在《古画品录》中将"气韵生动"作为第一条款和最高标准，可见其分量的重要。"气韵生动"是指绘画的内在神气和韵味，达到一种鲜活的生命之洋溢的状态，可以说"气韵生动"是"六法"的灵魂。

❷ 吧：原书写作"罢"。后同。

发现更大的三昧境。宇宙是一个浑然融合的全体，万象都是这全体的多样而统一的诸相。在万象的一点中，必可窥见宇宙的全体；而森罗的万象，只是一个个体。勃雷克的"一粒沙里见世界"，孟子的"万物皆备于我"，就是把宇宙当作一大艺术看的吧！艺术的字画中，没有可以独立存在的一笔；即宇宙间没有可以独立存在的事物。倘不为全体，各个体也就尽是虚幻而无意义了。那么这个"我"怎样呢？自然不是独立存在的小我，应该融入于宇宙全体的大我中，以造成这一大艺术。

——《艺术三昧》❶

（二）

齐宣王问曰："齐桓、晋文❷之事，可得闻乎？"孟子对曰："仲尼之徒无道桓、文之事者，是以后世无传焉；臣未之闻也。无以，则王乎❸？"

曰："德何如，则可以王也？"曰："保民而王，莫之能御也。"曰"若寡人者，可以保民乎哉？"曰："可。"曰："何由知吾可也？"曰："臣闻之胡龁❹曰，王坐于堂上，有牵牛而过堂下者，王见之，曰：'牛何之？'对曰：'将以衅钟❺'王曰：'舍之，吾不忍其觳觫❻，若无罪而就死地。'对曰：'然则废衅钟与？'曰'何可废也，以羊易之。'不识有诸？"曰"有之。"曰："是心足以王矣❼。百姓皆以王为爱也，臣固知王之不忍也。"王曰："然。诚有百姓者！齐国虽褊小，吾何爱一牛？即不忍其觳觫，若无罪而就死

❶ 本文作者为丰子恺（1898—1975），中国现代画家、散文家、美术教育家和音乐教育家、翻译家。

❷ 齐桓、晋文：指齐桓公小白和晋文公重耳，春秋时先后称霸，为当时诸侯盟主。齐宣王有志效法齐桓、晋文，称霸于诸侯，故以此问孟子。

❸ 无以：不得已。以，同"已"，作止讲。王（wàng）：用作动词，指王天下，即用王道（仁政）统一天下。

❹ 胡龁（hé）：齐王的近臣。

❺ 衅（xìn）钟：古代新钟铸成，用牲畜的血涂在钟的缝隙中祭神求福，叫衅钟。衅，血祭。

❻ 觳（hú）觫（sù）：恐惧颤抖的样子。

❼ 是：代词，这种。足以王（wàng）：足够用来统一天下。

地，故以羊易之也。"

曰："王无异于百姓之以王为爱也，以小易大，彼恶知之！王若隐其无罪而就死地，则牛羊何择焉？"王笑曰："是诚何心哉！我非爱其财而易之以羊也；宜乎百姓之谓我爱也！"曰："无伤也！是乃仁术也，见牛未见羊也。君子之于禽兽也，见其生，不忍见其死；闻其声，不忍食其肉；是以君子远庖厨也。"王说，曰："诗云：'他人有心，予忖度之。'夫子之谓也❶。夫我乃行之；反而求之，不得吾心。夫子言之，于我心有戚戚❷焉。此心之所以合于王者何也？"

曰："有复于王者曰：'吾力足以举百钧，而不足以举一羽；明足以察秋毫之末，而不见舆薪。'则王许之乎❸？"曰："否。""今恩足以及禽兽，而功不至于百姓者，独何与？然则一羽之不举，为不用力焉；舆薪之不见，为不用明焉；百姓之不见保，为不用恩焉。故王之不王❹，不为也，非不能也！"

曰："不为者与不能者之形何以异？"曰："挟❺太山以超北海，语人曰'我不能'，是诚不能也。为长者折枝，语人曰'我不能'，是不为也，非不能也。故王之不王，非挟太山以超北海之类也；王之不王，是折枝之类也。""老吾老❻，以及人之老；幼吾幼，以及人之幼。天下可运于掌。诗云：'刑于寡妻，至于兄弟，以御于家邦。'❼言举斯心加诸彼而已❽。故推恩，足以保四海？，不推恩，无以保妻子。古之人所以大过人者，无他焉，善推其所为

❶ 夫子之谓也：（这话）说的就是你这样的人。

❷ 戚戚：心动的样子，指有同感。

❸ 王许之乎：大王相信吗？许：相信，赞同。

❹ 王之不王：大王不能以王道统一天下。

❺ 挟（xié）：夹在腋下。

❻ 老吾老：第一个"老"字作动词用，意动用法，可译为尊敬；第二个"老"作名词，是老人的意思。其下句"幼吾幼"句法相同。

❼ 《诗》云"句：意思是给妻子作好榜样，推及兄弟，以此德行来治理国家。

❽ 孟子总结这些话的意思，就是说把你爱自家人的心，推广到爱他人罢了。

左栏注释：

❶ 出自《孟子》的《梁惠王章句上》。"不为"是主观上不愿意做；"不能"是客观上做不到。

❷ 百余年以来：指明代理学家王守仁以来。

❸ 言心、言性：这是指宋明理学家所讨论的哲学范畴。

❹ 命与仁，夫子之罕言也：出自《论语·子罕》："子罕言利与命与仁。"

❺ 子贡：孔子的弟子端木赐。

❻《易传》：《周易》中解释经的部分。

❼ 行己有耻：出自《论语·子路》。

❽ 好古敏求：出自《论语·述而》。敏，勤勉。

❾ 危微精一：伪《古文尚书·大禹谟》中"人心惟危，道心惟微，惟精惟一，允执其中"的简称，这十六字的大意是说，人心是危险的，道心是微妙的，只能正心诚意，不偏不倚，执守中正之道。

❿ 出自《论语·尧曰》，朱熹注："允，信也；中者，无过不及之名。四海之人困穷，则君禄亦永绝矣。"

右栏正文：

而已矣。今恩足以及禽兽，而功不至于百姓者，独何与？……"

——《不为与不能》❶

上面的两篇文章，前一篇是发挥自己的意见的议论文，后一篇是用自己的意见来批评别人的意见的议论文。

议论文的种类

议论文依据本身的性质和功用的不同，可分为：信念的议论文、政策的议论文、教训的议论文三种。

1. 信念的议论文

凡是关于学术上原理，学说或考证的论辩，事迹上的探讨或评论，法律上的辩护等的文章，都是信念的议论文。例如：

比往来南北，颇承友朋推一日之长，问道于盲。窃叹夫百余年以来❷之为学者，往往言心、言性❸，而茫乎不得其解也。命与仁，夫子之罕言也❹。性与天道，子贡❺之所未得闻也。性命之理，著之《易传》❻，未尝数以语人。其答问士也，则曰："行己有耻"❼。其为学，则曰："好古敏求"❽。其为门弟子言，举尧、舜相传所谓危微精一❾之说，一切不道，而但曰："允执其中，四海困穷，天禄永终❿。"呜呼！圣人之所以为学者，何其平易而可循也！故曰：

"下学而上达。❶"颜子之几乎圣也，犹曰："博我以文。"其告哀公也，明善之功，先之以博学。自曾子而下，笃实无若子夏，而其言仁也，则曰："博学而笃志，切问而近思。"今之君子则不然，聚宾客门人之学者数十百人，"譬诸草木，区以别矣"，而一皆与之言心，言性，舍多学而识，以求一贯之方；置四海之困穷不言，而终日讲危微精一之说；是必其道之高于夫子，而其门弟子之贤于子贡，祧❷东鲁而直接二帝之心传者也。我弗敢知也。

孟子一书，言心，言性，亦谆谆矣，乃万章、公孙丑、陈代、陈臻、周霄、彭更之所问与孟子之所答者，常在乎出处、去就、辞受、取与之间。以伊尹之元圣，尧舜其君其民之盛德大功，而其本乃在乎千驷一介之不视不取。伯夷、伊尹之不同于孔子也，而其同者，则以行一不义，杀一不辜，而得天下不为"。是故性也，命也，天也，夫子之所罕言，而今之君子之所恒言也。出处、去就、辞受、取与之辨，孔子、孟子之所恒言，而今之君子所罕言也。谓忠与清之未至于仁，而不知不忠与清而可以言仁者，未之有也。谓不忮不求之不足以尽道❸，而不知终身于忮且求而可以言道者，未之有也。我弗敢知也。

愚所谓圣人之道者如之何？曰："博学于文"。曰："行己有耻"。自一身以至于天下国家，皆学之事也。自子臣弟友以至出入、往来、辞受、取与之间，皆有耻之事也。耻之于人大矣！不耻恶衣恶食❹，而耻匹夫匹妇之不被其泽，故曰："万物皆备于我矣，反身而诚。❺"

❶ 意指下学人事，便是上达天理。

❷ 祧（tiāo）：超越。

❸ 出自《诗经·邶风·雄雉》。忮（zhì），嫉妒。求，贪求。

❹ 出自《论语·里仁》："士志于道，而耻恶衣恶食者，未足与议也。"

❺ 出自《孟子·尽心上》："万物皆备于我矣，反身而诚，乐莫大焉。"

呜呼！士而不先言耻，则为无本之人；非好古而多闻，则为空虚之学；以无本之人，而讲空虚之学，吾见其日从事于圣人而去之弥远也！虽然，非愚之所敢言也。且以区区之见，私诸同志，而求起予❶。

——《与友人论学书》❷

2. 政策的议论文

凡是关于社会问题、政治问题、学术、宗教等问题上的论辩等的文章，都是政策的议论文。例如：

金人所以立刘豫在江南，盖欲荼毒中原，以中国攻中国，粘罕因得休兵观衅。臣欲陛下假臣日月，便则提兵趋京洛，据河阳、陕府、潼关，以号召五路叛将；叛将既还，遣王师前进，彼必弃汴而走河北，京畿陕右，可以尽复：然后分兵濬滑，经略两河，如此则刘豫成擒，金人可灭。社稷长久之计，实在此举。

——《论恢复疏》❸

3. 教训的议论文

凡是评论人物的优劣，事迹的成败，以及讨论道德问题等的文章，都是教训的议论文。例如：

国家的治乱，民族的兴亡，常以社会风气为转移。

今日的社会风气如不改造，没有笃实践履的精神，则建国工作，仍难期其完成。而社会风气的转移，常系于少数政治家与学者的倡导和努力。历史上的先例如此。然而此所谓少数人的产生，决不是由

❶ 起予：《论语·八佾》："子曰：'起予者商也。'"起予是说启发我的。

❷ 作者为顾炎武，文章选自《顾亭林诗文集·亭林文集》卷三。这是一封给友人的信，谈的是为学的大道理。信中批判了明代王守仁以来的一些理学家空谈心性而脱离实际的学风，提出了为学应继承孔孟以来的重实学而不尚空谈，要"博学于文""行己有耻"，博学与修身并重。

❸ 《论恢复疏》：作者为宋高宗赵构（1107-1187），字德基。宋朝第十位皇帝，宋朝南迁第一任皇帝，在位35年。

于"神迹"，亦不是由于"气数❶"。在国家治乱之会，民族兴亡之际，只要这少数人士有"天下兴亡，匹夫有责"的信心，"先天下之忧而忧，后天下之乐而乐"的胸襟和"天下为公"的抱负，以救国家救人民自任，即可以为转移社会风气的枢纽。孟子说："人皆可以为尧舜。"又说："待文王而后兴者，凡民也；若夫豪杰之士，虽无文王犹兴。"这些话都是指示我们：只要看见了救国家救人民的本分，就应当引为自己的责任；随自己聪明才力的大小，力行实践，即可以转移风气。国父说："聪明才力愈大者，当尽其能力以服千万人之务；聪明才力略小者，当尽其能力以服十百人之务；至于无聪明才力者，亦当尽一己之能力以服一人之务。"我们可以说：无论聪明才力大小，只要立志救同胞，决心救国家，力行实践，则行之于一乡，即可以转移一乡的习气；行之于一县，即可以转移一县的风尚；推之于一国，莫不皆然。只要此少数人士能够力行于前，则一乡、一县以至一国的民众，习焉不察，行焉不著，自然收风动草偃之效，而社会风气就能改造成功。

在我们中国，当民族盛衰绝续之交，必有少数的政治家和学者兴起，来担当这旋乾转坤、改造风气的责任。东汉之末，豪家大族兼并土地，贫户细民流离失所，思想则趋于老、佛，文学则崇尚浮华。黄巾之乱既起，中原残破，群雄分立，蜀地独得偏安，其风俗的奢侈，势豪的跋扈❷，更甚于东汉时期。诸葛武侯辅佐两朝，十二年间，在军事上以攻为守，在政治上以猛济宽，以讨贼雪耻，激励国民的志气，以循名

❶ 气数：指人生或事物所存在的期限；命运（用于大事情，含有迷信色彩）。

❷ 跋扈（bá hù）：意为霸道、蛮横、独断专行。

165

责实，纠正浮华浪漫的风俗，故能以巴蜀一隅，抗曹魏中原全盛之局。后世的俗儒以武侯推行法治而加以讥评，殊不知武侯为人，淡泊宁静，大公至诚。品格之高远，决不是俗儒所能企及。唐末五代，割据纷争达二百余年。赵宋虽收藩镇的兵权，开统一的局面，然而思想则流于佛、道，文学则限于排偶，科举则局于注疏，政事则操于胥吏，经济则土地兼并，军事则内重外轻，以至于外患侵陵，内乱频发。范仲淹首著四论，以纠正颓废的思想，继上十事之奏，兴学校以养经济之才，改科举以取经济之士。当时文学则欧阳修、苏轼之流，经学则胡瑗、孙复之辈，人才辈出，蔚成风气。张（载）、程（颢、颐）的理学，王荆公的新法，亦踵起而代兴。在明朝末叶，朝廷受制于宦官，社会相习于浮华，朱（熹）学既不胜其烦琐，王（守仁）学亦渐趋于玄虚，张居正秉政十四年，以"实学实用"指导思想，以"循名责实"整饬吏治，以"返本复始"挽救民风，其信心之强，志趣之笃，力行之勇，不计个人的成败，不顾一时的毁誉，比之于诸葛武侯❶与范仲淹，实有过之而无不及。满清道、咸年间曾（国藩）、胡（林翼）、左（宗棠）、李（鸿章）之流，亦以转移风气为己任。曾文正行法主刚，而用人则重血性，尚器识。其于学术思想，则兼取宋学与汉学而归本于至诚；其立身行事，则本于"慎独、主敬、求仁、习劳"的精神；故湘军淮勇的成功，当然不是偶然的。

抗战发动以来，我们的力量虽是愈战愈强，不平

❶ 诸葛武侯：即诸葛亮（181-234），三国时期蜀汉丞相，杰出的政治家、军事家、散文家，其散文代表作有《出师表》《诫子书》等。

等条约虽是已经取消，然而敌寇还在我们国境之内，还要我们作最后的努力和最大的牺牲，方能收回我们的失地，救出我们的同胞，才能说是民族得到真正的解放，国家争取真正的独立。欧洲战争与太平洋战争爆发后，世界的军事、政治、经济、文化都在剧烈变动之中。中国的前途，光明与黑暗实相因而俱在。时至今日，同盟国的力量，已能够转守为攻，侵略主义者的败征已显而易见。中国抗战胜利的光明亦已在望，而独立自由的地位之取得，更使中国对世界的责任，相随而愈重。预计世界战争的结束，不能延至二年以后，而今年的一年即为战局的决定关头。我们中国的主奴荣辱生死存亡决不像第一次世界大战结束时期，以华府会议为最后的决定。质言之，中国主奴荣辱生死存亡的命运，不决定于战争结束时期的国际会议，乃决定于战局发展至于最后关头之今日。而全国上下能否自力更生，尤在于社会风气与国民生活能否涤旧更新不愧为现代的国民。更必使抗战有胜利的把握，建国有成功的基础，才可以决定自己的命运，且可以实现我们"存亡继绝"、"济弱扶倾"的三民主义。如果我们像第一次大战结束时期瞻顾倚赖，苟且因循，则已失的权利未必能恢复，已复的权利亦未必能够享有。总之，中国的命运，决定于中国，国民本身是不是能够自立自强，以达成抗战建国的使命。要中国能够自立自强，必须全国上下共同一致痛切觉悟，彻底革新，祛除❶虚浮，务求笃实，力戒因循，崇尚果敢。思想必切实际，生活必循纪律，任事必负

❶ 祛除：除去（疾病、疑惧或迷信人所谓邪祟等）。

167

责任，行动必守秩序，实事求是，精益求精，而后乃能树立现代化国家的基础，使中国跻于国际社会，共负世界永久和平和人类自由、解放的责任。

——《论社会风气之改造》❶

议论文的命题

议论文的题目，往往是一个名词，或是一个句子，而且还有正反两方面。正反的决定，完全根据一篇文章里的断案：断案如在正的方面，那么须用正面的题目；如在反的方面，那么须用反面的题目。例如：

学生应参政论

学生不应参政论

这两个题目都是一个句子，但前者用的是正面，后者用的是反面。题目也有不写明正反面的，可是实际上决不会没有，否则便不必做什么议论文了。例如：

论学生参政

对于学生参政的意见

这类题目，表面上似乎没有断案，可是在实际上决不会没有的。

议论文的题目在字面上无论有没有断案，都必须抓住论点，始能确定所下断案。论点有二，为肯定的和否定的。

❶ 节选自蒋介石的《中国之命运》一书，1943年3月10日发表。该书是由汉奸陶希圣根据蒋介石的授意代笔而成的。《中国之命运》宣扬的是封建主义和法西斯主义，反对民主、自由和共产主义；诬蔑八路军、新四军和解放区"组织武力，割据地方，企图破坏抗战，妨碍统一"，是"变相的军阀和新式的封建"，暗示要以武力解决共产党。《中国之命运》出版后，国民党通令国统区各机关、团体、军队、学校都要阅读。它的出版表明国民党企图分裂抗日民族统一战线，为其继续掀起反共浪潮作思想和舆论准备。

1. 肯定的命题

凡是正面的题目都属这一类。又分全称、特称两种：全称包括全部，特称仅为全部中的某一部分。例如：

　　学生应参政论

　　大学生应参政论

这两个都是正面的题目，前者为全称肯定的命题，后者为特称肯定的命题。

2. 否定的命题

凡是反面的题目都属这一类。也分全称和特称两种。例如：

　　学生不应参政论

　　中学生不应参政论

这两个都是反面的题目，前者为全称否定的命题，后者为特称否定的命题。

第二节　取材

议论文材料的来源

议论文材料的来源，有如下的四种为：书报、征询、经验和观察。

★ 议论文材料的来源，有如下的四种为：书报、征询、经验和观察。

169

① 弊在赂秦：弊病在于贿赂秦国。

② 或曰：有人说。

③ 盖：承接上文，表示原因，有"因为"的意思。

④ 攻取：用攻战（的办法）而夺取。

⑤ 所大欲：所最想要的（东西）。

⑥ 厥先祖父：泛指他们的先人祖辈，指列国的先公先王。

⑦ 暴霜露：暴露在霜露之中。

⑧ 举以予人：拿它（土地）来送给别人。

⑨ 厌：同"餍"，满足。

⑩ 奉之弥繁，侵之愈急：（诸侯）送给秦的土地越多，（秦国）侵略诸侯也越急。

⑪ 此言得之：这话说对了。

⑫ 与嬴：亲附秦国。

⑬ 始有远略：起初有长远的谋略。

⑭ 连却之：使……退却。

⑮ 洎：及，等到。

1. 书报

凡是书籍、杂志、报章、文件以及图表统计等等，都属这一类。例如：

六国破灭，非兵不利，战不善；弊在赂秦①。赂秦而力亏，破灭之道也。或曰②：六国互丧，率赂秦耶？曰：不赂者以赂者丧。盖③失强援不能独完，故曰：弊在赂秦也。秦以攻取④之外，小则获邑，大则得城。较秦之所得，与战胜而得者，其实百倍；诸侯之所亡，与战败而亡者，其实亦百倍；则秦之所大欲⑤，诸侯所大患，固不在战矣。

思厥先祖父⑥暴霜露⑦，斩荆棘，以有尺寸之地；子孙视之不甚惜，举以予人⑧，如弃草芥；今日割五城，明日割十城，然后得一夕安寝；起视四境而秦兵又至矣！然则诸侯之地有限，暴秦之欲无厌⑨，奉之弥繁，侵之愈急⑩；故不战而强弱胜负已判矣，至于颠覆，理固宜然。古人云："以地事秦，犹抱薪救火，薪不尽，火不灭。"此言得之⑪。

齐人未尝赂秦，终继五国迁灭，何哉？与嬴⑫而不助五国也。五国既丧，齐亦不免矣。燕赵之君，始有远略⑬，能守其土，义不赂秦。是故燕虽小国而后亡，斯用兵之效也。至丹以荆卿为计，始速祸焉。赵尝五战于秦，二败而三胜；后秦击赵者再，李牧连却之⑭。洎⑮牧以谗诛，邯郸为郡，惜其用武而不终也。且燕赵处秦革灭殆尽之际，可谓智力孤危，战败而亡，诚不得已。向使三国各爱其地，齐人勿附于秦，刺客不行，良将犹在，则胜负之数，存亡之理，与秦相较，或未易量。

　　呜呼！以赂秦之地，封天下之谋臣，以事秦之心，礼天下之奇才，并力西向，则吾恐秦人食之不得下咽也。悲夫！有如此之势而为秦人积威之所劫，日削月割以趋于亡❶，为国者无使为积威之所劫哉！

　　夫六国与秦皆诸侯，其势弱于秦，而犹有可以不赂而胜之之势，苟以❷天下之大，而从六国破亡之故事❸，是又在六国下矣！

　　　　　　　　　　　　——《六国论》❹

2. 征询

　　凡是自己不明白而请教别人得来的材料，都属于这一类，不管被请教的是普通人或是专门学者和名人，也不管是用口头答复或用书面说明。例如：

　　太史公曰：吾闻之周生曰："舜目盖重瞳子。"又闻项羽亦重瞳子，羽岂其苗裔邪？何兴之暴也？

　　夫秦失其政，陈涉首难，豪杰蜂起，相与并争，不可胜数。然羽非有尺寸，乘势起陇亩之中，三年，遂将五诸侯，灭秦，分裂天下，而封王侯，政由羽出，号为霸王，位虽不终，近古以来，未尝有也。

　　及羽背关怀楚，放逐义帝而自立；怨王侯叛己，难矣！自矜功伐，奋其私智，而不师古，谓霸王之业，欲以力征经营天下。五年，卒亡其国，身死东城，尚不觉寤而不自责，过矣！乃引"天亡我，非用

❶ 日削月割以趋于亡：一月月一天天地割让土地，从而走向灭亡。日，每天，名作状。月，每月，名作状。以，而。

❷ 苟：如果。以：凭着。

❸ 故事：旧事，先例。

❹《六国论》是北宋文学家苏洵政论文的代表作品。本文提出并论证了六国灭亡"弊在赂秦"的精辟论点，借古讽今，抨击宋王朝对辽和西夏的屈辱政策，告诫北宋统治者要吸取六国灭亡的教训，以免重蹈覆辙。

171

兵之罪也"。岂不谬哉?

——《项羽本纪赞》❶

3. 经验

凡是作者平素所见闻,以及由研究、考证、实验等而获得的,都属这一类。例如:

士之不朽者三,所以本之者一也。德能服人则不朽,功能济时则不朽,言能贻世则不朽;虽然,本之者德而已矣,德者,仁、义、忠、信之谓也;内着于其外,达则其功也,穷则其言也。故德者本也,功与言者末也。处势高,名泽及于远,谋而世用之,行而世信之,则功必立;处势低,名泽不及于远,谋而世弗用也,行而世弗信也,则言弗著。故功者,以德为功者也,非俗之所谓功也;言者,以德为言者也,非俗之所谓言也。

俗之所谓功者,规一切者也,争地以战,杀人盈野,争城以战,杀人盈城;则有强兵之功。坏井田,废什一,困百姓之力,实府库之藏,则有富国之功。以诡谲为机,以刑法为驱,以君心为度,以巧伪为制,若是而已矣。俗之所谓言,务无用者,饰名数以干礼,合章句以导谀,为曼衍以诡俗,务名誉以邀利,大不可施于朝,小不可教于乡,以靡丽为精,以辩异为奇,若是而已矣。是以德也、功也、言也,判而为三。

嗟乎!君子之道所以隐也,功非其功矣,言非其言矣;然而世犹贵功而尚言,自以为不朽,吾未始知其诚不朽也。夫世之士既无以明功与言之端,又因见

❶《项羽本纪赞》是《史记·项羽本纪》的最后一段,是司马迁对项羽的评论。司马迁肯定了项羽继陈涉之后起兵反秦、推翻了秦王朝的历史功绩,分析了项羽失败的原因,批驳了他的宿命论思想。

世俗之功而趋之，闻世俗之言而美之，自以太上立德，不可及也！呜乎！则是以功与言常必去德而独存者也，丧其本矣！申、商也，孙、吴也，仪、秦也，杨、墨也，何可胜言哉！

——《不朽论》❶

4. 观察

经验是自然得来的，而观察是有意进行的；所以经验所得材料，早已获得于作文之前，而观察所得的材料，乃在于有了题目之后才去探取来的。这是两者的不相同处。例如：

世谓舜之在下也，田于历山，象为之耕，鸟为之耘❷，圣德感召也如是。

余曰：斯异术也。何圣德欤？孔子叙书，于舜曰"浚哲文明❸，"圣德止于是而足矣；何感召之云云乎？然"象耕鸟耘"之说，吾得于农家，请试辩之：

吾观耕者，行端而徐，起拨欲深，兽之形魁者，无出于象，行必端，履必深，法其端深，故曰象耕。耘者去莠，举手务疾而畏晚；鸟之啄食，务疾而畏夺。法其疾畏，故曰鸟耘。试禹之绩大成，而后荐于天，其为端且深，非得于象耕乎？去四凶，恐害于政，其为疾且畏，非得于鸟耘乎？不然，则雷泽之渔，河滨之陶，一无感召，何也？岂圣德有时而不德邪？

——《象耕鸟耘辩》❹

❶《不朽论》：作者为刘敞（1019-1068），北宋史学家、经学家、散文家、金石学家。

❷ 象为之耕，鸟为之耘：传说舜死苍梧，象为之耕；禹葬会稽，鸟为之耘。后用以形容民俗古朴，有舜禹时代的遗风。

❸ 浚：深邃。哲：智慧。文：《孔疏》："经纬天地曰文。"明：《孔疏》："照临四方曰明。"

❹ 本文作者为陆龟蒙（？－约881），唐代农学家、文学家。

议论文材料去取的标准

议论文的各种材料，都须经过审慎的选择。就中对于用来做证明的证据材料，尤须加倍注意。下面是三个根据为去取的主要标准：

1. 精当

议论文是要致信于人的文章，所以它的论证必须有力；要论证有力，那么取材必须注意质的确当，而不必求量的丰富。例如：

> 奏为和议未成，战气宜励事：属者天方降割，遘❶此闵凶❷；真主挺生，中兴启运。经纶裕于草昧，多难易以兴邦。海宇欣欣，想观盛治。乃历时十月，徒烦宵旰❸殷忧，未有恢复胜著。北使言旋，敌兵踵至，和议已断断无成矣。向以全力图寇而不足者，今复分以御敌矣。际此时艰，忧心欲绝。然历观往代衰亡，莫不因和自误；今敌之拒我，正我所以自奋、与天所以成我之时，特在人心一转耳。
>
> 从来中兴大业，不外君臣一德，内外一心。当此危急存亡之时，可无同舟共济之谊？臣尝慨唐宋门户之祸，竟与国运相终！即使所用皆贤，已废却一半。况以意气相激，化成恩仇；恩怨一生，酿成杀运。近今之事，殊堪痛心！今时极艰危，为臣不易：官之久者，其负罪益深；位之尊者，其得祸更惨。有心之士，方以此为危身积戾之场；而无识之人，乃以此为快意寻仇之计。即使藏怒宿怨，孰有深于戕我君父，

❶ 遘（gòu）：相遇。

❷ 闵凶（mǐn xiōng）：闵：忧患。忧患凶祸，常指亲人亡故等。

❸ 宵旰（xiāo gàn）：犹日夜。

覆我邦家者？不此之仇，而犹修睚眦❶之微嫌，快升沉于转毂，此之谓不知类矣！谓宜虚心平气，还之大同：何人实是干济之才，何人实是清修之品，无寻题目，而开媒蘖❷之端；无捕风影，而肆株连之网。务得海内真正才品，举而置之钧衡。朝中之举措咸宜，阃外之嫌疑自化。此臣所望于庙堂之同心者也。

昔唐室嗣兴时，则有若李郭；宋家再造时，则有若刘、岳、张、韩，极其勋名，悉垂天坏。今之藩镇，何多让焉。若当患已剥肤，何以贼贻君父，谅非诸镇所忍出也。然大将所定者惟志，三军所鼓者惟气。志不齐一，气不奋扬，虽贲育之雄，如林之众，莫能用也。试思先帝之待诸镇，何等厚恩？皇上之封诸镇，何等隆遇？先帝之罹贼难，何等惨苦？诸镇之不能救先帝于难，何等罪过？释此不问，自弄干戈，是犹舍父母之仇，寻乡邻之斗。于理安乎？于心忍乎？今和议不成，惟有言战。战非诸镇之事而谁事也？必皆以皇上复仇雪耻为心，简乃车徒，敕乃甲胄，朝营夕算，惟敌是图。其未至也何以防？其既来也何以御？某所当者危地，而我必急以往援；某所争者小嫌，而我必先以大义。田单报燕之日，将军有死之心，士卒无生之气。廉、蔺刎颈而定交，子仪释憾而泣拜，诸镇岂不闻乎？此臣所望于关外之同心者也。

然阃外所视者庙堂，庙堂所视者主志。我皇上中兴未就，大仇在身，凡一举念，一图事，二祖列宗鉴之，恭皇帝、烈皇帝鉴之；尤望深思痛愤，大焕丝纶，谕诸臣以怡堂必不可安，积习必不可犯。在内宜

❶ 睚眦（yá zì）：发怒时瞪眼，指极小的仇恨。

❷ 媒蘖（niè）：酒母，比喻借端诬罔构陷，酿成其罪。

实筹兵饷，以卧薪尝胆为生机；在外宜力捍封疆，以江北、中州为死所。古人有言，不本人情，何由兴复？今之人情，已大可见。拨乱为治，转弱为强，在我皇上一振励间耳。

——《讲励战守疏》❶

❶ 本文出自清朝佚名《偏安排日事迹》卷十一。

这篇文章就当时形势主论，而又引古证今，所论所引皆极精当，不由人读了不相信他的主张的有见。

2. 真确

精当是指材料本质的好坏，而真确是指材料的来源和论点的可靠与否。如果不可靠，那么论证便推翻而断案也不能成立，例如：

❷ 来勃尼慈：今译莱布尼茨（1646-1716），德国哲学家、数学家，和牛顿先后独立发明了微积分。

社会的生命，无论是看纵剖面，是看横截面，都像一种有机的组织。从纵剖面看来，社会的历史是不断的；前人影响后人，后人又影响更后人；没有我们的祖宗和那无数的古人，又那里有今日的我和你？没有今日的我和你，又那里有将来的后人？没有那无量数的个人，便没有历史，但是没有历史，那无数的个人，也决不是那个样子的个人。总而言之，个人造成历史，历史造成个人。从横截面看来，社会的生活是交互影响的：个人造成社会，社会造成个人；社会的生活全靠个人分工合作的生活；但个人的生活，无论如何不同，都脱不了社会的影响；若没有这样、那样的社会，决不会有这样、那样的我和你；若没有无数的我和你，社会也决不是这个样子。来勃尼慈❷说得好：

"这个世界乃是一片大充实，其中一切物质都是接连着的。一个大充实里面有一点变动，全部的物质都要受影响，影响的程度与物体距离的远近成正比例。世界也是如此。每一个人不但直接受他身边亲近的人的影响，并且间接又间接地受距离很远的人的影响，世间的交互影响，无论距离远近，都受得着的。所以世界上的人，每人受着全世界一切动作的影响。如果他有周知万物的智慧，他可以在每人的身上看出世间一切施为，无论过去未来都看得出，在这一个现在里面，便有无穷时间、空间的影子。"

从这个交互影响的社会观和世界观上面，便生出我所说的"社会的不朽论"来。我这"社会的不朽论"的大旨是：

我这个"小我❶"不是独立存在的，是和无量数小我有直接或间接的交互关系的；是和社会的全体和世界的全体都有互为影响的关系的；是和社会、世界的过去和未来都有因果关系的。种种从前的因，种种现在无数"小我"和无数他种势力所造成的因，都成了我这个"小我"的一部分。我这个"小我"，加上了种种从前的因，又加上了种种现在的因，传递下去，又要造成无数将来的"小我"。这种种过去的"小我"，和种种现在的"小我"，和种种将来无穷的"小我"，一代传一代，一点加一滴；一线相传，连绵不断；一水奔流，滔滔不绝：——这便是一个"大我"。"小我"是会消灭的，"大我"是永远不灭的。

❶ 小我：对自己的谦称；亦指个人。

"小我"是有死的,"大我"是永远不死、永远不朽的。"小我"虽然会死,但是每一个"小我"的一切作为,一切功德罪恶,一切语言行事,无论大小,无论是非,无论善恶,都永远留存在那个"大我"之中。那个"大我",便是古往今来一切"小我"的纪功碑,彰善祠,罪状判决书,孝子顺孙百世不能改的恶谥法。这个"大我"是永远不朽的,故一切"小我"的事业,人格,一举一动,一言一笑,一个念头,一场功劳,一桩罪过,也都永远不朽。这便是社会的不朽,"大我"的不朽。

那边"一座低低的土墙,遮着一个弹三弦的人"。那三弦的声浪,在空间起了无数波澜;那被冲动的空气质点,直接、间接冲动无数旁的空气质点;这种波澜,由近而远,至于无穷空间;由现在而将来,由此刹那以至于无量刹那,至于无穷时间:——这已是不灭不朽了。那时间,那"低低的土墙"外边来了一位诗人,听见那三弦的声音,忽然起了一个念头;由这一个念头,就成了一首好诗;这首好诗经许多人传诵;人读了这诗,各起种种念头;由这种种念头,更发生无量数的念头,更发生无量数的动作,以至于无穷。然而那"低低的土墙"里面那个弹三弦的人又如何知道他所发生的影响呢?

一个生肺病的人,在路上偶然吐了一口痰。那口痰被太阳晒干了,化为微尘,被风吹起空中,东西飘散,渐吹渐远,至于无穷时间,至于无穷空间,偶然一部分的病菌被体弱的人呼吸进去,便发生了肺病,

由他一身传染一家，更由一家传染无数人家。如此展
转传染，至于无穷空间，至于无穷时间。然而那先前
吐痰的人的骨头早已腐烂了，他又如何知道他所种的
恶果呢？

　　一千五六百年前有一个叫做范缜❶的说了几句话
道："神之于形，犹利之于刀；未闻刀没而利存，岂
容形亡而神在？"这几句话在当时受了无数人的攻
击。到了宋朝有个司马光把这几句话记在他的《资治
通鉴》❷里。一千五六百年之后，有一个十一岁的小
孩子——就是我，看《通鉴》到这几句话，心里受了
一大感动，后来便影响了他半生的思想行事。然而那
说话的范缜早已死了一千五百年了！

　　二千六七百年前，在印度地方有一个穷人病死
了，没人收尸，尸首暴露在路上，已腐烂了。那边来
了一辆车，车上坐着一个王太子，看见了这个腐烂发
臭的死人，心中起了一念，由这一念，辗转发生无数
念。后来那位王太子把王位也抛了，富贵也抛了，父
母妻子也抛了，独自去寻思一个解脱生老病死的方
法。后来这位王子便成了一个教主，创了一种哲学的
宗教，感化了无数人。他的影响势力至今还在；将
来即使他的宗教全灭了，他的影响势力终久还存在，
以至于无穷。这可是那腐烂发臭的路尸所曾梦想到
的吗？

　　以上不过是略举几件事，说明上文说的"社会的
不朽"，"大我的不朽"。总而言之，这种不朽论，只
是说个人的一切功德罪恶，一切言语行事，无论大

❶ 范缜（约450–515）：
南北朝时期著名的唯
物主义思想家、杰出
的无神论者，代表作
为《神灭论》。

❷《资治通鉴》：简称"通
鉴"，是北宋司马光主
编的一部多卷本编年
体史书。它以时间为
纲，事件为目，从周
威烈王二十三年（公
元前403年）写起，
到五代的后周世宗显
德六年（公元959年）
征淮南停笔，涵盖16
朝1362年的历史。它
是中国第一部编年体通
史，在中国官修史书
中占有极重要的地位。

小好坏，——都留下一些影响在那个"大我"之中，——都与这永远不朽的"大我"一同永远不朽。

——《社会的不朽论》❶

这篇文章里凡所引用的材料，都是真确可靠的，所以论证有力，而断案不易动摇。

3.动听

动听的议论最能改变别人的意向，但仍不能忘掉精当和真确。动听又须守三个条件，就是：合情理，合时宜，合读者心理。例如：

孟尝君将入秦，止者数千而弗听。苏秦欲止之。孟尝君曰："人事者，我已尽知之矣；吾所未闻者，独鬼事耳。"苏秦曰："臣之来也，固不敢言人事也；固且以鬼事见君。"孟尝君见之。

苏秦谓孟尝君曰："今者臣来，过于淄上❷，有土偶人❸与桃梗❹相与语。桃梗谓土偶人曰：'子，西岸之土也。挺子以为人；至岁八月，降雨下，淄水至，则汝残矣。'土偶曰：'不然，吾，西岸之土也：吾残，则复西岸耳。今子，东国之桃梗也。刻削子以为人，降雨下，淄水至，流子而去，则子漂漂将何如❺耳。'今秦、四塞之国，譬若虎口，而君入之，则臣不知君所出矣。"孟尝君乃止。

——《战国策》❻

苏秦是位历史上有名的游说之士，所以说话最是

❶ 出自胡适的《不朽——我的宗教》。

❷ 淄上：淄水之上。淄，水名，源出山东莱芜东北原山之阴，东北流，至寿光县，汇为清水泊，又北出，入小清河，由淄河口入海。

❸ 土偶人：用泥土捏的人。

❹ 桃梗：用桃木枝刻的人。

❺ 何如：到哪里去。

❻《战国策》是一部国别体史书，主要记述了战国时期的纵横家的政治主张和策略，展示了战国时代的历史特点和社会风貌，是研究战国历史的重要典籍。西汉末刘向编定为三十三篇，书名亦为刘向所拟定。

动听，因此连记录他的说话的文章也动听了。

第三节 结构

议论文的绪论

一篇结构完密的议论文，除了本论之外，必有绪论和结论。绪论是一篇文章的开端，所以和在其他文章里一样，也是可有可无。绪论所论，大概不出下列三类：

1. 解释命题意义

例如：

志也者，学术之枢机❶，适善适恶之辕楫也。枢机正，莫不正矣；枢机不正，亦莫之或正矣。适燕者北其辕，虽未至燕，必不误入越矣；适越者南其楫，虽未至越，必不误入燕矣。呜呼！人之于志，可不慎与！

——《辩志》

2. 叙述作文动机

例如：

比往来南北，颇承友朋推一日之长，问道于盲。窃叹夫百年余以来之为学者，往往言心，言性，而茫

❶ 枢机（shū jī）：指事物运动的关键；亦指朝廷的重要职位或机构。

181

乎不得其解也!

——《与友人论学书》

3.说明议论对象

例如:

> 六国破灭,非兵不利,战不善,弊在赂秦。赂秦而力亏,破灭之道也。

——《六国论》

议论文本论中的论证

本论是议论文的中心骨干,而论证是本论的中心骨干,所以特别加以论述。论证有二,为证明和论据。

1.证明

论证最紧要的是证明命题的真假,证明的方法有演绎、归纳、类推三种。

(1)演绎法

这是根据一个普通原则来推论这原则中所包含的个体的论证法,也就是由全体而推论到部分的方法。例如:

> 然则为天下之大害者,君而已矣。向使无君,人各得自私也,人各得自利也。 ——《原君》❶

上文如用演绎法排列起来,可成为下式:

❶ 出自《明夷待访录》,作者黄宗羲(1610-1695),明末清初著名的经学家、史学家、思想家。

凡是妨害天下人民私利的是大害；——大前提

君是妨碍天下人民私利的，——小前提

所以君是天下人民的大害。——断案

（2）归纳法

归纳法与演绎法恰相反，它是综合了各个体来引出一个普通原则的方法，也就是由部分推论到全体的方法。例如：

> 昔穆公求士，西取由余于戎，东得百里奚于宛，迎蹇叔于宋，求丕豹公孙支于晋，此五子者，不产于秦，而穆公用之，并国二十，遂霸西戎。
> ——《谏逐客书》❶

上文如用归纳法排列起来，可成为下式：

> 由余、百里奚、蹇叔、丕豹、公孙支，秦穆公用之而霸。——前提
>
> 由余、百里奚、蹇叔、丕豹、公孙支，皆秦客也。——前提
>
> 故秦穆公用客而霸西戎。——断案

（3）类推法

有时上述二法都不适用，那么可以用类推法来证明。它是根据已知的事例而推断相类的事例的方法。例如：

> 知封建之所以变而为郡县，则知郡县之敝而将

❶《谏逐客书》：李斯的一篇谏文，据《史记·李斯列传》记载，韩国派水工郑国游说秦王嬴政（即后来的秦始皇），倡言凿渠溉田，以实施"疲秦计划"。事被发觉，秦王嬴政听信宗室大臣的进言，认为来秦的客卿大抵都想游间于秦，就下令驱逐客卿。李斯也在被驱逐之列，尽管惶恐不安，但主动上书，写下千古流传的《谏逐客书》。其立意高深，始终围绕"大一统"的目标，正反论证，利害并举，说明用客卿强国的重要性。

复变。

——《郡县论》

上文如用类推法排列起来，可成为下式：

封建之敝变为郡县。——已知的事例

今郡县亦敝。——相类的事例

故知郡县亦将变而为他。——断案

2. 论据

论据是论证用的真凭实据，所以简称论据。这种真凭实据共有因果、例证、譬喻、符号四种。

（1）因果论

这是用原因来证明结果的论据。例如：

我因为听说中国人是很尊重鬼的，所以很担心，怕你不肯解剖尸体。

——《藤野先生》

（2）例证论

这是用部分来推论全体的论证。例如：

夫以汉之能尽人材，陈汤犹扼腕于文墨吏，而况于今日乎？宜乎豪杰之士，无以自奋而同归于尽也。

——《人材》

（3）譬喻论

这是用某一点相同来证明某一点的论据。例如：

★ 论据是论证用的真凭实据，所以简称论据。

顾情之发也，中节为难，而怒为甚。血气蔽之，克伐怨欲之私乘之，如川决防，如火燎原，其为祸也烈矣。

——《无怒轩记》

（4）符号论

这是从结果里求出原因的论据。例如：

风俗之厚薄❶奚自乎？自乎一、二人之心之所向而已。民之生，庸弱者戢戢❷皆是也；有一、二贤者，则众人君之❸而受命焉；尤智者所君尤众焉。此一、二人者之心向义，则众人与之赴义；一、二人者之心向利，则众人与之赴利。众之所趋，势之所归，虽有大力莫之敢逆。故曰："挠万物者，莫疾乎风"❹。风俗之于人之心，始乎微而终乎不可御者也。

——《原才》❺

议论文的结论

议论文的结论是全文综合的最后意见，以收束绪论和本论中全部的内容为主，有论断、总结、动机三种：

1. 论断

在本论中已将问题论证完毕，再根据论证来断定自己提出的意见的真确，使读者更易得到深刻之印象。例如：

❶ 厚薄：淳厚朴实与浮薄衰弱。

❷ 戢（jí）戢：聚集、众多貌。

❸ 君之：以之为君，尊敬他。

❹ 挠：搅动，动摇。疾：急速、猛烈。这句出自《易说卦传》。

❺《原才》：作者为曾国藩，这篇谈论人才的文章首先提出培养人才的重要性，说它直接关系到社会民风。然后论证培养人才的方法：统治者要使人才都身居要职，掌握权势，每一个士大夫都要担负培养提拔人才的责任。

故曰：苟无放弃自由者，则必无侵人自由者，其
罪之大原，自放弃者发之，而侵者因势利导，不得不
强受之。以春秋例言之，则谓之"罪魁"可也。

——《放弃自由之罪》❶

2. 总结

这是本论中已经证明的各要点，再总括复述一下，
使读者得到一个总括的概念。例如：

呜呼！吴之亡也，有西施亡，无西施亦亡，强大
真不可恃哉！

——《西施亡吴辩》❷

3. 动机

写文章的动机可以写在绪论里，可是也可以写在
结论里。例如：

予尝疾阴阳家立邪说以惑众，为世患，于丧家尤
甚。顷为谏官，尝奏乞禁天下葬书，当时执政莫以为
意。今著兹论，庶俾后之子孙，欲知葬具之不必厚，
视吾祖；欲知葬书之不足信，视吾家。

——《葬论》❸

❶《放弃自由之罪》：作
者为近代著名的政
治家和思想家梁启超
（1873—1929），他在
这篇短文中介绍了西
方的"自由"观念，
并提出了自己的见解。

❷《西施亡吴辩》：作者
为清代文人侯方域。

❸ 节选自《居家必用事
类全集》，元代无名
氏编撰。

习题四

1. 什么叫议论文?

2. 议论文和说明文如何区别?

3. 议论文可分那几种? 如何区别?

4. 试就本书所引各篇议论文指出它的属类。

5. 试就本书所引各篇议论文的题目，说明它的题式。

6. 议论文的材料是从哪里来的?

7. 议论文的选材标准应该怎样?

8. 议论文的绪论中应该写些什么?

9. 试就本书所引某篇议论文说明它绪论中所写的是什么?

10. 写议论文的论证有那几种方法?

11. 试从平日所读议论文中另外举出四种论证的例子。

12. 议论文的结论应该如何写作?

13. 试就本书中某篇议论文说明它结论中所写的是什么?

附编　应用文示范

一、序文

❶《康济录》：即《钦定康济录》，是中国历史上第一部由皇帝钦定并颁布全国的荒政史籍。其在前代荒政史籍的基础上有了新的突破和发展，形成了独特的编纂方式：其一是突出重点，以荒政之要为目的编排方式；其二是形式多样、内涵丰富的评语。这种方式为后代之荒政史籍的编纂提供了更为科学的模式。

《康济录》❶者，清初钱塘陆曾禹所辑，原名求荒谱。乾隆时，倪国琏录其大要，再经当时清廷侍从群儒加以删润，改定今名付梓，收入四库书中。凡历代名贤循吏之善政良规，罔不分类采著于篇。日本宽政时代，曾翻印之，以为吏治要范；清左宗棠巡抚两浙时，复为重刊，取以训导属官；而皆获大效，其价值可想见矣。

是书内容，总分四卷：一曰前代救援之典，则纪历代恤民振灾之盛。二曰先事之政，则述裕民足食之根本办法，以期防灾于未然。三曰临事之政，则述凶歉既成，应如何纾解饥困。四曰事后之政，则述灾祲已过，应如何补苴培复。殿以附录，则罗列施急振、设仓储之种种规章。各编子目，备详卷首。综其要旨，盖即防灾救荒，办理善后，及治本治标之步骤与办法；而我国自古以来，一切地方要政设施之规模，亦悉粲然大备于是。不惟足见古贤爱民勤政，擘画之精；且足见吾人现方努力之各项要政，如复兴农村、厉行保甲、建设仓储等荦荦大端，固皆未越古人之范围，古人实已先我行之，树有规模，著有效验。一方足以益坚吾人力行之自信，一方尤足供吾人运用之参考，决不可以其为遗编旧迹，而遂以陈腐目之。果其悉心研究，师其成规，而斟酌损益，因时制宜，微特各省之地方行政，裨益无穷，效率加速，且尤切合剿匪各省地方设施之需要；此余所以重印是书命意之所在也。

抑我国以农立国，农民为构成社会之中坚，故自古皆循"国以民为本，民以食为天"之旨，凡利民便农之政，特加讲求，递嬗演进，日就精明。姑就保甲一端而言，管子以治齐，商君以强秦，其明户籍，除奸宄，维治安，既已奄有现代警政之长，而守望相助，力役相济，匮乏相赒，则又俨然有现时组织民众与经济合作之意。程伯淳之令晋城，朱文公之建社会，成绩斑斑，具可考见。而王阳明之剿匪江西，即赖行十家牌法，以奏肃清之效。此其立法之精，运用之善，信可准之百世而无惑。今剿匪各省，均定举办保甲为基本要政之一，实已鉴古证令，权衡至当，非无故也。

昔人有言："前事不忘，后事之师"❶。兹书所举，

❶ 前事不忘，后事之师：汲取从前的经验教训，作为以后工作的借鉴。出自《战国策·赵策一》。

皆我先民之艰难阅历，身体力行，美政良模；独惜至于今日，遗规败坏，荡然无存。而国困民贫，亦遂祸乱环生，挽救兴复，责在吾人。愿我各省县从政有司，景怀先哲，恫念艰危，胥以此书为金科玉律。凡足与今日一切地方要政相表里、相发明者，切实探讨，努力躬行，则天灾匪患之后，不患无复兴观成之一日矣。企予望之！是为序。

——《康济录序》

二、发刊词

宇宙间形形色色的事象，可以归纳到两条定律：一是物质不灭，能力不灭；二是新陈代谢，变动不居。这个孪生子的永存性和变易性，便是构成宇宙的因素，而且同样地支配了人生，粗浅地说来，或者尽可以说生命的意义，就在于此。

所以从一方面看，新的生机是无时无刻不存在于本体；从另一方面看，新生命诞生，必然伴随着痛苦和努力，婴孩的出世，母体要担受多少痛苦，虫蚁的蜕化，也明显地看得出挣扎和努力，所以新陈代谢，虽然是天然律的运行，但是排陈出新，却不是无代价的幸获。

我们中国民族的生命，有了这样悠久深厚的根蒂❶，只要不自毁灭，断没有任何外力能够戕残，这是大家所共信的了。但过去一千年的历史，明明告诉

❶ 根蒂：植物的根和蒂。比喻事物发展的根本或初始点。

我们这个民族已渐渐的到了衰老期，我们无论从文化、政治、经济以及人民生活各方面看，都可以看出一切失了活气，百事失去调整，这个纷乱苦痛的现象，便是预告旧时代的必须终结和新生命的快要降临，也便是预告着生在这个时代构成这个民族的我们，对于这快要降临的新生命，要像母体坐蓐❶时，四肢百体，一齐努力地来尽神圣的使命。

这所谓神圣的使命是什么呢？无疑的便是革命，明了了革命是为迎接新生命的，那么我们对于革命，岂但不必畏却，自然也不容迟疑；明了了革命是为迎接新生命而新生命降临中所谓母体的中华民族是在如何危殆痛苦的境界时，那么我们对于革命岂但不应该视同儿戏，并且应该如何审慎地选择我们的道途。

革命要有热烈的感情；然而只有革命的感情，没有革命的理论，其结果，不是单凭主观，走到错误的方面，便是一遇阻碍，便觉意气消沉。

革命不能避免破坏，然而只有破坏的运动，没有建设的准备，就会使民众受革命的牺牲，不能享革命的利益，使社会的生活，民众的生命更陷于痛苦艰危。

在过去革命的过程中，明显地表示一般青年只有空泛的革命情绪，而不去求正确的革命理论；只有消极的破坏行动而没有积极的建设工作，没有养成充实的建设能力。过去革命的失败，大部分基于这两个原因。

我们相信如果上述的缺点没有方法救济，中国革命实难一帆风顺，达到成功的彼岸。要救党，要救

❶ 坐蓐：即临产，因古代产妇临产有坐在草蓐上分娩者，故名坐蓐。见《张氏医通》卷十。

191

国，根本的办法必须发扬三民主义，研究建设计划，我们应着这个需要，所以创办本刊。努力以总理遗留给我们的主义和方略为基础，来助长我们民族的生机，来改造不良的环境，以促成我们新生命的降临。

根据社会进化的原则和民族历史的要求，中国革命，早晚一定成功。然而要保证革命的完成和缩短革命的过程，却要两个条件。一个是不要"乱做"，一个是不要"不做"。乱做，就会使革命向错误的方向进行，使新的社会不能实现；不做，就要使混乱的状况继续延长，使旧的环境不能打破。一部分青年犯了乱做的毛病；一部分青年犯了不做的毛病。要救第一个毛病，就要阐明三民主义的理论，要救第二个毛病，就要发扬三民主义的精神。

三民主义是总理积数十年的经验，融合古今中外的学说而成的结晶，是中国民族的至宝。错了方向的青年，就是因为不知道这个民族至宝的效用和价值。我们要根据进步的科学和中国需要，以阐明❶三民主义的理论和实际，才能领导迷路的青年，上康庄的大道，而不致流于"乱做"。

三民主义的一贯精神，是打破环境，不是屈从环境；是支配运命，不是顺受运命。悲观和颓丧❷的青年，就是不能突破环境，而为环境所支配；不能反抗运命，而为运命所屈服。我们要说明三民主义的哲学的基础，是以人支配物，不是以物支配人；三民主义的行为的原则，是从运命的铁蹄之下谋反抗，不是在运命的宰割之下受牺牲。要这样才能领导沮丧的青年，为坚决果毅的奋斗，而不致流于"不做"。

❶ 阐明：讲明，说明，将深奥的道理讲明白。

❷ 颓丧：消极；颓唐。

　　阐明三民主义的理论，发扬三民主义的精神，便是本刊的第一个使命。

　　世界上任何革命运动，都免不了破坏。但尤其少不了建设；可是建设比较破坏不知要艰难多少倍。一次暴动，可以使整个的社会秩序扰乱，一个炸弹可以使坚固的建筑完全崩坏。然而要维持一个秩序，要建造一个建筑，不知需要若干专门的知识和技术。在过去国民革命进行中，我们的努力只是集中于轻易的破坏事业，还没有顾及艰难的建设工作。我们应该惭愧，我们不仅没有独创任何建设方案，就是总理为我们作成的计划基础，也没有逐条分项地去悉心研究。这种艰难巨大的工作，我们今后要担负起来，我们要根据总理的各种建设计划，比较各国的各种制度，作成详尽确当的方案，为党作建国、治国的准备，为国作长治久安的基础。

　　研究建设计划，介绍和批评各国的学说制度，便是本刊的第二个使命。

　　我们以十二分的决心和努力，向着这两个目的前进。同时要求本国的著作界乃至全体知识界，统与我们以十分有力的协助。我们相信国家民族当艰难迫切的时候，非全国知识界总动员，不能安全地度过危机。我们忠恳地承认知识界客观的研究和分途的靖献，都有不朽的价值；但我们尤其希望全国知识界集中了不相为谋的努力，一致集合在三民主义下作更有效的研究和指导。我们愿意将本刊的全篇幅，供给全国热诚的知识界做公开发表的场所，而我们自身只自认为军前奏乐的鼓号手。我们奏起了前进的乐曲，打着知识界总动员的旗帜，来迎接我们国家、民族灿烂光辉的新生命！

——《新生命发刊词》❶

三、日记

今天下午，空气突然紧张起来，日军的海军陆战队已全部上陆，铁甲车也走虹口一带风驰电掣地来往奔驰着。

战事就要爆发了！大家显出满脸高兴，都在严密地准备着。

十一点三十分时，在静寂而紧张的空气里，传来一阵极清晰的步枪声，接着便是一阵密如联珠的机关枪声，——这显然可以知道，前线已经开火，敌军已经向我们这边冲过来了。

打吧！为保全民族的生存，为争回人类的正义，我们只有准备着牺牲！"打吧！守住原有的阵线，不许退走！……"这几个大字在我们各个人的脑筋里深深的刻着。

枪声一阵紧似一阵，也一阵近似一阵。一大队日兵由铁甲车的掩护，从虬江路向我们的阵地冲来，——大约有三四百个日兵跟在铁甲车后，不慌不忙地冲来了。

他们的来势真是非常凶猛：我们从来没有见过这种威风凛凛❷，式样整齐的敌人！这就是我们日夜高

❶ 1927年8月中旬，蒋介石下野后，蒋派分子纷纷辞职离开南京。根据蒋介石临走前的布置，由戴季陶领头，陈果夫出钱，周佛海与陈布雷等人在上海创办《新生命月刊》。该刊于1928年1月日正式出版。同年6月，国民党军占领平津，国民政府宣布"统一告成"。戴季陶等人都赴南京任职，上海的《新生命月刊》随即停刊。

❷ 威风凛凛：形容声势、气派令人敬畏；亦指声势、气派壮大。

呼要打倒的敌人呀！这就是侮辱我们的国家，欺凌我们四万万同胞的敌人呀！这敌人现在就在目前，难道我们还轻轻易易放他们过去吗？不！决不！

"杀呀！杀呀！杀呀！"一阵喊声，一阵枪声，"扑、扑、扑、扑……"一阵机关枪声。我们满胸的义愤，好似都随着枪弹冲出去，去击中每一个敌人的心！

好了，敌人看见我们的抵抗，这出于他们意外的抵抗，都张慌失措了。只见他们在联珠一般的枪声中，一个一个地倒下去，倒下去，……敌人的冲击，显然是被我们的抵抗阻住了。

铁甲车在突停了一下之后，又冲进来了！五十码！三十码！我们如再不设法去阻止那老虎般的东西前进，我们所据以坚守的阵地，就将被全部毁灭！

"冲出去！"我们的感觉命令我们冲出去。

真像一群由铁栅内放出来的猛兽一般，飞奔出去，像要把当前的敌人整个地吞没。现在长枪和手枪都像累赘❶了，手榴弹像雨点一般地飞出去。在一阵巨响震耳和灰尘飞腾之后，铁甲车转回头了。经过一阵刺刀的肉搏战，惊慌无措的敌人，也只得用各式各样的方法逃走。

"扑、扑、扑、扑……"机关枪声响又活跃起来，从左边扫到右边，从右边扫到左边，一刹那间，除了错错落落地横卧着许多敌人的尸体以外，什么事都没有了。

日兵的冲击已经完全失败。

我们真惭愧，在这一次战争中没有捉住他们的铁

❶ 累赘：不必要的、麻烦的事物。

甲车！虽然被我们炸伤了两三架，但是却都给他们逃走了。

——《一个军官的笔记》

四、书信

四弟览：前致数言，想已达。此次归粤，竟无往晤舅舅及彦平之暇。明日又当赴外县，风云靡定，遂此飘忽，交臂无从为言，殊所歉也！不面弟复近二年，三妹又随君直之任阳江矣。不知何时始得一堂为乐。今且图杀敌自娱而已。军中较处家宅为安全；向来战死者视在家被杀者少，可知也。陆士衡❶所谓"有恶而必得，有爱而必失"者，吾侪正当念此言也。又先人初无他贻留，惟此耿介之性，实赋诸我；倘腼颜苟活，岂不有忝于祖？如谓若敖鬼馁，则兄娶妇十年，三育皆女，纵保此生，何可必其有后乎？此意愿弟正之！即请近佳！兄大符渤。

——《致四弟秩如书》❷

五、演说辞

南昌各界同胞！今天大家在这里举行新生活运动大会。从今天这种精神、这种秩序看来，南昌民众可以做中华民族的模范；南昌民众可以做中华民族复兴

❶ 陆士衡（261—303）：即陆机三国吴丞相陆逊之孙，大司马陆抗之子。其诗形式华美，技巧纯熟，有"陆才如海"之誉。代表作有《辨亡论》《平复帖》等。

❷ 本文作者为朱执信（1885—1920），中国近代资产阶级革命家、思想家。他于1904年官费留学日本，结识孙中山、廖仲恺等革命党人。1905年8月，他被选为中国同盟会评议部议员兼书记。他先后担任过《民报》《建设》等刊物的编辑，从事资产阶级革命理论宣传工作。1920年9月21日，他在虎门被桂系军阀杀害。

的基础。本委员长得与各界同胞，共同一致地参加其间，觉得是非常光荣、非常满意的事情。我们要晓得中国人为什么会受外国人的侵略？为什么会给外国人轻侮、瞧不起？这里我们应该想一想，我们中国人的体格，有没有外国人的强健？再进一步讲，我们中国人的学问行动，有没有外国人循规蹈矩？我们中国人的家庭、学校、社会，和外国人比较，有没有外国人一般清洁整齐？其他吃饭、穿衣，走路，有没有一样能够比得上外国人的有条理、有规矩？这些日常生活之种种，外国人能够做到，我们中国人统统做不到，所以由生活的不讲规律，不讲整齐清洁，而影响到身体的不强健。外国人随时来侵略中国，中国人都没有力量抵抗，这便是中国人被外国人侵略和给外国人轻视的原因所在。换言之，亦即中国人不知爱护自己的身体；保重自己的身体；身体尚且不知爱护、保重，又安能爱护国家、保重国家呢！

　　新生活运动的目的，第一是要使各个人做一个强健的国民。要想国家强盛，须国民有强健的身体；有强健之身体，才有伟大之力量；有力量保护自己，然后有力量保护国家，这才不会给外国人欺侮。南昌的同胞，尤其是青年学生们，应知道要爱国家、保护国家，必先要保护自己的身体。保护身体的方法是什么呢？就是要照新生活运动的规律来做；如果不能照着新生活运动来做，则就是不能保护自己；不能保护自己的人，岂不是父母冤枉生了你这个身体？况且不能爱护自己身体的人，不但是糟蹋❶了自己，并且影响到民族的健康；这样的国民，只有永远给外国人欺

❶ 糟蹋：凌辱，损毁；不珍惜，随便丢弃或毁坏。

侮，终不免要做亡国奴的。所以各位要知道，要做一个合乎时代的国民、强健的国民，就一定要做到新生活的规律。新生活运动的规律，如明礼义，知廉耻，守规矩，爱清洁等等，都是告诉大家做一个良好国民的道理。希望各位了解，能做到，在家成一个孝子，在国为一良民，在学校为一好学生，在社会为一强健优秀分子：此即为新生活运动中之最紧要的一点意义。

各位过去所过的生活，是旧生活；旧生活在外国人讲，叫做野蛮生活。何谓野蛮生活？就是等于上古时代的生活。但是现在已开始新生活了，从今天起，我们知道新生活的道理，依照去做，以后便是文明生活。各位还是愿过野蛮生活，抑愿过文明生活呢？我想一定愿过文明生活的。那么❶，就得照着新生活的办法，守规矩，明礼义，知廉耻，如衣服要穿得整齐，帽子要戴得端正，在家庭要孝敬父母，在学校要敬重先生。总理会告诉我们，要忠、孝、信、义、亲爱、精诚。新生活运动也就是遵照总理的道教，使大家对国家、对长官能够忠实；对朋友能够友爱；对父母与先生能够孝敬。懂得这些，能够做到，就叫合乎时代的文明生活；不懂这个道理的人，可以说也冤枉为人了。今天各界同胞，有这种精神和秩序，我们中华民族的老祖宗，在天之灵，一定有很大的希望，希望各位来救国家，来救自己。各位同胞，今后不要再过野蛮生活，一定要做到新生活的规矩生活。这便是各位救自己、救国家的生活。

❶ 那么：原书写作"那末"。后同。

此外还有一点，要和各位讲的，就是各位知道我这个人是个怎样的出身？我想大家知道的，只是我曾做过总司命，也曾做过国民政府主席，现在又做了委员长；究竟从前是怎样一个人，大家一定不会知道。当我在小的时候，天天受父母先生的教训，要扫地，要擦地板，也要烧饭和洗锅碗。吃饭的时候，有时偶然掉下起粒饭来，穿衣的时候，如果有一两纽扣❶没有扣上，一定要受父母和师长的责罚。须知我也和各位一样，是一个小学生出身的人，因为父母师长能够严格教训，我能受父母师长之教。各位应该明了，一个人不是生成会做革命领袖的，只要能够努力做事，人人都可以和我一样；能够做到这种生活，相信南昌将来，很可造就大多数伟大人物，以救国救人。今天我个人以身作则，教训各位，希望人人能够努力，完成革命的工作！更希望各位从今天开始做起！

——《新生活运动❷的目的》

六、祝辞

第一次欧战中，空军尚在萌芽时期，对于全盘战局，不能有若何重大影响。但二十年来已大为改观，此次德意志闪击战之奏效，借助于空军者甚大。此后空军发展之前途，固未可预测，然其对于战争胜负，成为主要决定因素之一，则可断言也。

现各国发展空军，不遗余力，而其主要之点，则

❶ 纽扣：原书这与作"扭扣"。

❷ 新生活运动：简称"新运"，指1934年至1949年在中华民国政府第二首都的南昌推出的国民教育运动，横跨八年抗战。"新运"虽然标榜"新"生活，内容却是"旧"的儒家伦理思想。"新运"最后因中华民国政府于1949年内战失利"暂停办理"，无疾而终，总体成效不大。

均在飞机之产量与品质，飞行人员之数量与技术等方面争强比胜。在此次欧战爆发前，法国每月飞机产量低至数十，以之与德国以千计者相较，有如霄壤❶，其失败之惨，已予世人以极大教训。

至飞行人员与飞行技术欲达到多之精之目的，则惟有普及飞行教育，延长训练时间，而滑翔运动乃其最合理之捷径。盖使一般民众皆能幼而习之，壮而行之，在长久岁月中浸润陶冶，相习成风，精与多雨目的之达成，有不期然而然者。

领袖令航空委员会、教育部及三民主义青年团会同组设滑翔运动总会，并亲为之领导，用意至为深远。凡我全国人士，尤其一般青年，皆应远窥世界大势，近依抗战经验，上体领袖意旨，反而自省所负之革命任务，努力以赴，俾此运动获得伟大成果。

现在我国滑翔运动已在襁褓❷期中，行将见其迅速发育成长，千万强健活泼青年翱翔天空，益增其奋发向上之朝气，下视锦绣灿烂山河，沛然充满爱护祖国之情绪，则其精神上之感应甚大，对于国防建设之贡献，更未可限量矣。

——《祝滑翔运动》

❶ 霄壤：天和地，天地之间；比喻相去极远，差别很大。

❷ 襁褓：襁指婴儿的带子，褓指小儿的被子。后来以此借指未满周岁的婴儿。

七、告书

诸位同志：我们是代表沦陷❸的东北五个省区，而来赴全国运动会的选手。我们不敢猜想诸位同志对

❸ 沦陷：领土或国土被敌人占领或陷落在敌人手里，常指被敌占领较长一段时间。

我们作什么样的感想，但我们自己实在是痛楚到万分。因为国辱民奴，我们的父母、兄弟、姊妹，天天在东北过着牛马不如的生活，我们竟不到战场上去与敌人拼死，争回国家同自己的人格，还来参加这样的盛会。

然而我们也想到，假使我们不来参加，诸位竟看不见东北的旗帜，竟看不见东北健儿的身手，诸位的国丧之感，同类之悲，其痛心又当何如？所以我们冒着许多困难来了。我们眼帘映着这江南的风景，益触动了我们家亡国破的悲哀，我们进入这庄严宏丽的运动场中，愈令我们想念到北陵旁边马蹄形的伟大建筑物。"男儿有泪不轻洒，皆因未到伤心处。"我们说到此地，真是泣不成声了。

我们这次来，如果说是来参加比赛，不如说是来报告东北的惨状；如果说是来表演大好的身手，不如说是来宣示我们苦斗的决心。我们谨代表我们家乡的父老兄弟宣布说："东北人心不死，渴盼全国同胞早来拯救，'满洲国'是日本人自制自戴的假面具，没有一个中国人甘心事仇的。"我们更愿大声疾呼："我们深深觉得这回国家空前巨创的病根，是由于国家不统一，各方不合作。"我们热烈地希望这篮球场上所表现的团体合作精神，能广播到各方面去。我们也虔诚地祈祷着，我们心目中共同竞争的锦标是恢复东北五个省区的地图颜色。

在这个盛会之下，诸位要知道东北的惨状吗？我们真不知从何处说起，不过诸位看到跳高场中，从铁钉鞋践踏的沙土，你们正可以想象到日本人铁钉下被踩蹦的东北民众；诸位看到铁饼、标枪下所留的创痕，你们恰可当作暴敌劫掠后的东北市村。我们呢，是逃生的沙虫。我们的生命，在敌人的眼中，真是蝼蚁不如。诸位，关于东北的惨痛，请原谅我们，便只能这样地报告了。如果必欲我们作详尽的叙述，恐诸位惟有看到些眼泪，听到些哭声。

但是，我们是有信念的！我们的信念，被这全运会的热烈空气刺激着，被诸位的同情鼓励着，倍愈坚强。我们的信念便是：中国有四千年的历史文物，有四万万忍苦耐劳的同胞，拥着偌大的丰富土地，天理不容我们亡国。再看看各位同志龙骧虎跃的英姿，挟山超海的气魄，更不像具有亡国的条件。我们的绝大信心，便是中国不会亡，东北不会亡。"多难可以兴邦"，"三户可以亡秦"，诸位同志，我们今日要宣誓共同奋斗，去夺取我们伟大的锦标，——光复东北五省区。

最后，我们愿代表东北父老兄弟，谢谢政府及同胞二年来对我们的同情及援助。辽、吉、黑、热、哈五省区选手敬叩。

——《致第五届全国运动会选手书》❶

❶ 本文作者应为张学良，民国时期的"第五届全国运动会"原定于1931年10月10日在南京举行，不料1931年9月突然发生"九·一八"事变，紧接着1932年1月又发生"一·二八"淞沪抗战，使全运会延期至1933年10月10日才举行。1933年10月，"东北体育协进会"组织平（北京）、津（天津）的东北流亡学生代表沦陷地区参加了比赛。

八、启事

敬启者：同人等笔砚久荒，未忘积习，闲居无俚，偶见刊物纷披，辄兴髀肉复生之感。爰集三二友好，创设天下社，秉发扬出版事业之素志，期于文艺智识作微小之贡献。惟以同人能力学识，两感贫薄，而充实刊物之壮志，则未敢后人，爰订征稿简约，热望当代作家，赐予惠稿。俾区区园地，得公众之力以灌溉之，发扬光大，必可期焉。附征稿简约如下：

　　一　本刊性质以文艺及知识为主体，以趣味为经纬。

　　一　内容——纵的方面——以山水、思想、人物三者为主。

　　——横的方面不限体裁，诸如专著、论述、小传、访问、小说、诗歌、报告文学、小品随笔等，皆所欢迎。

　　一　文字以白话为主，尤重轻松活泼。

　　一　赐稿登载后，每千字薄酬四十元至六十元。

　　一　译稿无论直译、摘意、改作，请示原著出处、年代、作家名称，附以引言介绍尤佳。

　　　　　　　　　　——《天下出版社征稿启事》

九、公牍❶

（为拟定梅花为国花呈请核转国民政府鉴核施行由）

　　窃维国花所以代表民族精神，国家文化，关系至为重要，如英之蔷薇，法之月季，日之樱花，皆为世

❶　公牍：公文；指官方的记载、文告等。

❶ 肇造：谓始建。

界所艳称。吾国现当革命完成，训政伊始，新邦肇造❶，不可不厘订国花，以资表率。兹经职会十八次会议决议，拟定梅花为国花，其形式取五朵连枝，用象五族共和五权并重之意，且梅花凌冬耐寒，冠冕群芳，其坚贞刚洁之概，颇足为国民独立自由精神之矜式，定为国花，似颇相宜。是否有当，理合备文呈请

钧院核转

国民政府鉴核施行。

谨呈

行政院。

内政部部长○○○（印）

——《呈行政院文》

十、章程

1.宗旨

本校以培植各种艺术专门人才，发扬中国之艺术文化，并促进新兴艺术为宗旨。

2.编制

本校暂设戏剧文学两系，各系均采专科学分制，修满四期四十八学分即发给各该系毕业证书。

3.入学

凡爱好艺术之男女青年，思想纯正而无不良嗜好，有初中以上程度者，均可入学。

4.学额

本届各系学额规定如下：

（一）戏剧系第一期新生五十名，第三期插班生三十名。

（二）文学系第一期新生五十名。

5.报名

凡新生均须随带居住证或身份证亲自来校填写报名单，并缴本人最近之二寸半身照片一张，报名费一百元。手续不全备者不得入学。报名时间，自即日起每日五时半至七时半，例假日停止办公。

6.学费

每期应缴下列各费：（一）学费五千元。（二）戏剧系新生另收化装材料费五百元。于开学时一次缴清。

7.开学

三月二十日。

8.授课

本院授课时间，暂定为星期一至五，每日下午五时半至七时半。每期授足十星期。

9.附则

本院设有清寒学生贷学金额，其章程另订之。

——《新中国艺术学院招生简章》

十一、说明书

前言　道光末年，彭玉麟❶（字雪琴）还是一个

❶ 彭玉麟（1817—1890）：字雪琴，清朝著名政治家、军事家、书画家。彭玉麟多才多艺，诗书画俱佳，梅花墨为清代画坛两绝（另一绝为郑板桥墨竹），画梅四十余年，共画十万余幅梅花。《梅花梦》就是以彭玉麟的故事为底本而创作的戏剧。

秀才，在衡阳石鼓书院里读书。他十六岁的时候，从安徽回到湖南来，在安庆有一个从小认识的女孩子，叫做梅仙，青梅竹马，两小无猜，互订婚约。相隔了十二年之后，梅仙奉了寡母至衡阳来找他，两人又重逢了。可憾的是一个依然云英未嫁，一个却已是使君有妇的了。

第一幕　彭玉麟把梅仙安置在别墅里，因为两个人都酷爱梅花，他们的别墅便叫做吟香馆。彭雪琴最初确是无意功名而且甘为名教罪人，而梅仙也宁愿自处于似妾非妾的地位和雪琴同居了六年。彭受知于衡州知府高人鉴，当时盗贼蜂起，彭办理民勇团练，颇为得力，因之受了曾国藩的识拔❶，命他练水师。这时太平军已起兵广西（道光三十年），彭自负知兵，大有澄清天下之志。梅仙是极有识见的女子，又因为她父亲是被昏庸的朝廷处死的，对于彭的热中功名，非常不满。

第二幕　彭玉麟的水师，击败了太平军，居然成了清廷中兴名将。他出征之前曾和梅仙相约四年后必然解甲归来，可是在第二年上梅仙便一病不起了，这是由于家庭间的煎迫和对于雪琴的怨恨而致的。在她临死的时候，还想画一枝梅花留给玉麟，这时的玉麟正收复了小孤山。

清廷授彭玉麟做安徽巡抚，彭想起梅仙的话，固辞不受，弄得曾国藩大惑不解，还以为彭玉麟真个"不爱封侯爱美人"；其实彭已有了民族的意识，渐渐地不愿做朝廷的功狗了。

❶ 识拔：赏识并提拔。

　　第三幕　洪杨之后十几年，彭已是皤然❶一翁，在西湖筑了个退省庵，和他的亲家俞曲园诗酒流连，喝醉了便画梅花，有句曰："颓然一醉狂无赖，乱写梅花十万枝"，这完全是为了纪念他的梅仙。

　　恰巧有一个叫做岳二官的小姑娘，面目如梅仙再生，一颗枯寂的心，又重新温暖过来。他要求岳二官做他的女儿，又动了经略❷南外，平定外患的壮志。

　　第四幕　雪琴七十五岁的时候，回至衡阳的吟香馆，他为了安南之乱，驻兵广东，得了偏枯之疾，竟致不能说话，陪伴他的只有老仆、老婢和一个岳二官，孑然一老，无复当年豪概了。吟香馆里，满壁琳琅❸，都是他和梅仙两人的手泽，人亡物在，栩然入梦，梅仙的音容未改，雪琴也若有所悟。所谓逝者已矣，来者可追，他看着岳二官那样的年轻、美丽，而有朝气，他觉得未来的事，应该由下一代的人去担当的了。

——《梅花梦说明书》

❶ 皤然：白貌，多指须发。

❷ 经略：筹划治理。

❸ 琳琅：精美的玉石，比喻美好珍贵的东西。